丰都文化通览

FENGDUWENHUATONGLAN

重庆市文化和旅游研究院
丰都县文化和旅游研究院 编

中国文史出版社

序

　　丰都历史文化厚重，山水田园风光秀丽，既有山水颜值，又有文化气质，在长江文化这条宽阔的大河中留下了宝贵的遗产，在世界历史文化构成中独树一帜、别具一格。

　　丰都因积淀千年的鬼神民间信仰而享誉世界、名满天下。从远古的巫鬼崇拜，到佛教、道教地狱信仰整合形成的"鬼城幽都"，是历史留给今之丰都的文化符号，是中华先祖对今之丰都的精神馈赠。

　　丰都文化是世界级的文化现象，千百年来，研究、阐释、创造丰都文化已经成为社会关注的焦点、学界探讨的热点、政府破解的难点，丰都文化早已超出丰都地域，已经成为中国乃至世界级的话题。

　　丰都历史悠久，是73万年"西南旧石器之都"和4万年"重庆新石器之都"，现有旧石器遗址14处，"烟墩堡旧石器遗址"被评为"1996年度全国十大考古新发现之首"；是5000年凤凰城，2001年出土的"巴渝神鸟"是三峡博物馆镇馆之宝，与四川三星堆"太阳神鸟"同属凤凰神鸟；是3000年巴子别都，西周71诸侯国之巴国都江州，或治平都，后治阆中；是1900年的平都，东汉和帝永元二年（90）分枳县地置平都县；是1500年鬼城，鬼城文化最早可追溯至远古时期的鬼帝（土伯）

之说，肇启于东汉、融合于唐代、定型于宋代、丰富于明清。1958年，周恩来总理视察丰都，取物阜民丰、丰产丰收之意，改"酆都"为"丰都"。

丰都人文厚重，悠久的历史孕育出灿若星海的独特文化，石器文化、巴文化、鬼城文化、凤凰文化、革命文化、移民文化、丰收文化、大河文化等共同闪耀着时代的光辉，鬼城文化更是风行天下、是世界级文化IP。白居易、苏轼、陆游、范成大等文人墨客曾在此吟诗作赋；孕育出西湖杨公堤建造者杨孟瑛、近现代中国石油开采先驱佘元章等历史名人，开国元勋刘伯承、贺龙曾在此留下革命足迹。

丰都，是闻名远近的清凉世界，海拔1000米以上最具开发价值的高山旅游资源占全市10%以上，拥有名山、雪玉洞、九重天等4个4A级景区和南天湖国家级旅游度假区，拥有三抚林场、雪玉山、太平云海、盐马古道等高山旅游资源，还有屈曲回环、气势磅礴的龙河峡谷，还有风景如画、宜居宜养的雪玉山、轿子山、方斗山等天然氧吧、康养秘境……空气中负氧离子含量都在10万／立方厘米以上，俨然一座屋顶花园。

悠久的历史、厚重的人文、独特的民俗、绮丽的自然，让丰都这座美丽的滨江之城焕发出无穷魅力、勃勃生机，吸引八方游客纷至沓来。今出版《丰都文化通览》，旨在打开一扇窥见丰都历史人文的文化之窗，旨在保持历史耐心与战略定力、坚定丰都文化自信与发展自信，旨在让大家认识丰都、走近丰都、爱上丰都！

"天下名山、平都福地。"丰都文化是中华民族传统文化与民间信仰中的独特类型与集中体现，是我们文化根脉之所在，也是中华传统文化中的一朵奇葩。它以"丰都"命名，但它并不独为"丰都"所有，它是属于中国，属于世界。来世界的丰都，看丰都的世界！

　　是为序！

2023 年 7 月 19 日

目录

悠久的历史文化

  丰都县位于长江上游、重庆东部，滨长江，而傍武陵山。其地理优势明显，《四川通志》称"壮涪陵之左卫，控临江之上游，扼石柱之咽喉，亘垫江之屏障"。丰都以山地为主，海拔 1000 米以上高山旅游资源占重庆市 10% 以上，高山、丘陵、平坝、槽谷相间分布，形成南高北低、"四山夹三槽"的地势。丰都气候宜人、雨量丰沛。长江之水浩浩汤汤，由西向东横贯其中长达 47 公里，日夜滋养这片宝地。丰都辖 23 个镇 5 个乡 2 个街道，人口 85 万。自然资源丰富，野生动物 300 余种，天然乔木 170 余种，矿产资源数十种。社会经济发达，高铁、高速公路、长江航道穿行其间，有全国著名的丰都名山国家级风景名胜区、南天湖国家级旅游度假区，丰都庙会被列入第四批国家级非物质文化遗产代表性项目名录。自东汉和帝永元二年独立设县，已有 1900 多年建县史。真可谓山水丰茂，物产丰盛，人文丰厚。

  丰都有着悠久的历史文化，1996 年中国十大考古新发现之首的烟墩堡遗址，标志着这里 73 万年前就有人类劳作生活、繁衍生息。周朝其境内属巴国，曾为"巴子别都"，东汉建县，为"平都县"，隋时

● 丰都县城

称"豐都县",明改为"酆都县",确立了丰都"鬼城"的地位。1958年，周恩来总理视察并建议改名为"丰都"，寓意物阜民丰，丰产丰收之都。

优越的地理位置，独特的人文环境，孕育出了丰都别具一格的地方文化，造就出了"扬善、惩恶，公正、和美"的丰都鬼城所特有的文化价值。

第一节
历史发展沿革

丰都历史源远流长，73 万年前人类就在这里活动。有文献可考的记载亦有 2000 年以上历史，特别是独特的鬼城文化享誉世界，影响深远。丰都山川惠泽，雄奇峻秀，"鬼城"传说，名动天下，历代文人墨客、达官显贵，探奇览胜。

《尚书·禹贡》记载，大禹治水之后将国土划分为冀、兖、青、徐、扬、荆、豫、梁、雍等九州，丰都为梁州属地。

东周时期，丰都隶属巴国。巴国与楚国交战，巴国失利，败退之中曾将丰都作为都城，古称巴子别都。《水经》曰："江水又径东望峡，东历平都。"注曰："峡对丰民洲，旧巴子别都也。"（丰民洲，即今长江中的"丰稳坝"。）《华阳国志》也有相关记载："巴子虽都江州……或治平都。"

周慎靓王五年（前 316），秦惠王命司马错带兵伐蜀，灭掉蜀国后，将巴与苴一起占领，随后在全国推行郡县制，改置汉中、巴、蜀三郡。丰都归巴郡所辖。秦统一中国后，将全国分为三十六郡。平定百越之后，新置四郡，共四十郡，丰都仍属巴郡。

《前汉书·地理志》:"巴郡县十一,江州、临江、枳、阆中、垫江、胊忍、安汉、宕渠、鱼复、充国、涪陵。"《后汉书·郡国志》:"巴郡十四城,江州、宕渠、胊忍、阆中、鱼复、临江、枳、涪陵、垫江、安汉、平都、充国、宣汉、汉昌。"《广舆记》云:"酆都,汉枳县地。"西汉武帝时,分全国为十三州,改雍州为益州,丰都、涪陵、长寿等地合置为枳县,县治在今涪陵城西四十五里处的梓里乡。

东汉和帝永元二年(90),丰都由枳县内分出,单独置县,因境内有平都山(今名山)的缘故,被命名为"平都县",《水经注》:"有平都县,为巴郡之隶邑。"《旧唐书》云:"后汉置平都县,因山以名县也。"这是丰都设县之始。汉献帝初平元年,巴郡一分为二,置固陵郡和永宁郡。江州(今重庆)至临江(今忠县)之间的地区属永宁郡,平都县隶属永宁郡。

蜀汉后主刘禅延熙十七年(254),平都县并入临江县(今忠县)。

两晋、南北朝时,丰都地盘先属巴郡,后属临江郡,再属临州,历时324年。

史载隋文帝开皇三年废诸郡,以州治民。开皇九年(589),廓定江表,因"户口滋多",在临州中恢复了平都县。《蜀中名胜记》云:"豐民洲在平都山下,隋两取之以名县。"这是使用"豐都"县名之始。民间也有传说,隋文帝杨坚巡游全国名山大川,曾来平都县,因取"豐民洲"的"豐"字,与"平都山"的"都"字,诏改"平都县"为"豐都县"。

唐太宗贞观八年(634),改临江县为忠州,属山南东道南宾郡,豐都为忠州管辖。唐昭宗乾宁二年(895),剑南节度使成讷夺取南宾郡所属州县,豐都不能守,降于前蜀王王建。

宋高宗建炎初期，仍设丰都县，归忠州管辖。《宋史》载："忠州旧县三，临江、垫江、南宾。南渡后，增设丰都、龙渠二县。"咸淳元年（1265），升忠州为咸淳府，丰都县仍在其辖内。

元朝初期，丰都仍属忠州。至元中期，撤垫江并入丰都县。元朝至正二十三年（1363）春，蜀王明玉珍反元称帝，国号"夏"，建元"天统"，分蜀地为八道，变更府、州、县，又分设垫江县。

明朝洪武九年（1376），分四川为十三府，重庆府领三州、十七县。洪武十年，丰都撤县隶入涪州。明洪武十三年（1380），丰都又从涪州分出复置县。儒家《礼记》载有"明则有礼乐，幽则有鬼神，如此则四海之内合敬同爱矣"。意即"人间有礼乐，阴司有神灵，以此二者教民，就能做到普天之下互相敬爱了"。十一月，太祖朱元璋出于教化民心、巩固政权的需要，认为"其礼既同，其分当正"。于是利用道教中酆都大帝统领的鬼所即冥府所在之地罗酆山的传说，于洪武十三年十一月庚戌日（1380 年 12 月 20 日），下诏改"丰都县"为"酆都县"。同时将南宾县（治所在今丰都县龙河镇）归入酆都县，隶属重庆府忠州。《明史·地理志》对明初酆都县废置过程作了如下记述："酆都（州西南）。元曰丰都。洪武十年五月省入涪州。十三年十一月复置，曰'酆都'。"这一改名，不仅收到了"其神佛之幽灵，暗助王纲，益世无穷"的效果，同时也从此确立了酆都"鬼城"的地位。

清朝顺治十三年（1656），酆都县仍隶属重庆府。顺治十四年（1657），设四川总督，驻重庆，酆都县属其管辖。由于驻云南平西王吴三桂据蜀反清，张献忠余部、南明政权将领抗清斗争，清政府实际并未对四川全境有效统治，此时酆都属于清朝与反清力量争夺地区。至康熙十九年（1680），清将军乌丹攻占重庆时兼取酆都。同年闰八月，镇守夔州总兵谭宏反清，酆都又归谭军治理。康熙二十年正月，清兵于百丈梁击败谭军，攻陷酆都。咸丰七年（1857），太平天国翼王石达开率军离天京转战南北，攻克石柱，路经酆都。西攻涪州不下，弃而分兵四路，绕道向成渝进发。

1911年10月10日，辛亥革命爆发。1912年元旦，宣告中华民国成立，孙中山就任临时大总统，长达267年的清王朝统治被推翻。中华民国在行政建制上，废除了清朝的道级建制，改"省、府、州、厅"代之。

民国元年（1912）三月，袁世凯窃取中华民国大总统职位。复辟帝制，废除省、府、州、厅建制，仍用清朝"道"作为地方高级行政机关。1913年，全川分为七个道。1914年，改川东道为东川道，领县三十六，酆都县为其中之一。1935年，丰都县属四川省第八行政督察区（督察专员公署设酉阳）。

1949年12月3日，酆都城解放，建立了酆都县人民临时办事处。同年12月，首届中共酆都县委和酆都县人民政府成立。1950年，中共中央决定撤销四川省，将全省划为川西、川南、川东、川北四个行署，酆都县属川东行署涪陵专员公署。1953年，中共中央决定恢复四川省，酆都县仍从属于涪陵专员公署。

1958年3月4日，周恩来总理与李富春、李先念副总理等中共中央领导，带领中外专家考察三峡工程建设方案，乘"江峡轮"抵达丰都。周总理听到酆都粮食丰收，产量比新中国成立前翻了一番，连连点头称赞。当听到酆都县委认为酆都的"酆"字生硬难写又容易认错时，周总理说："现在酆都县是连年丰收嘛，就改成丰收的丰多好啊！"随即，周总理指示由酆都县人民委员会将"酆都"改名事宜及时报告给四川省人大常委会和国务院。不久,酆都县第三届人代会第一次会议一致通过改名决议,将"酆都"改名为"丰都"。1959年9月22日,改名事项获得国务院正式批准,同年国庆节时向全县人民公布,启用新名。一字之改,为丰都的未来发展带来了无限的前景,彻底把丰都从封建迷信的尘网中解放出来,还以"人城"的精神面貌,建设一个物阜民丰、丰产丰收之都,成了丰都人民的永恒追求。丰都人民为了纪念周总理为丰都改了一个好名,还在丰都城区的双桂山上修建了"恩来亭",以资纪念。

1968年至1996年,丰都县隶属四川省涪陵地区。1996年3月,涪陵地区改设市,丰都县隶属涪陵市。1997年6月,重庆直辖市成立,丰都县隶属重庆市,由涪陵市代管。1998年2月,丰都县由重庆市直接管理。

第二节
历史文化遗迹

　　水是人类的命脉，有水的地方人类文明就相对繁荣。自古以来，人类就是逐水而居，仅重庆的长江流域，就发现有距今 204 万年前的古人类化石——巫山人。丰都地处长江两岸，地理条件优越，自然资源丰盛，很早以前就有人类活动痕迹。所以，30 多年以来，考古工作者发现了大量的历史文化遗存，有距今 73 万年的烟墩堡旧石器早期遗址，10 多万年前的高家镇旧石器遗址，8000 年前的玉溪、玉溪坪遗址，商周时的石地坝、秦家院子遗址，春秋到汉唐时的汇南墓群、赤溪墓群，唐宋时的龙河崖墓群。这些众多的古遗址，可以清晰地勾勒出一条丰都完整的人类发展轨迹。

　　丰都历史文化遗存丰富，已经公布的不可移动文物有六大类、1104 处，其中全国重点文物保护单位 3 处、市级文物保护单位 8 处、县级文物保护单位 55 处。现已收藏的可移动文物有 25 个类别、5.5 万余件，其中等级珍贵文物 700 余件（套）。这些刻有时代的遗存，精致的器物，以安静而沉稳的力量诉说着丰都波澜壮阔的发展印记，展现着丰都文明的光辉。

高家镇遗址

高家镇遗址位于重庆市丰都县高家镇桂花村，遗址面积1万多平方米，已发现各类石制品2500余件。高家镇遗址1993年被发现，1995年底和1998年2月16日至4月22日高家镇遗址被正式发掘。高家镇遗址以大型和巨型砾石工具为主，石器以砍砸器为主，另有刮削器等。该遗址标本密集，堆积厚，石制品数量大，类型丰富，质量较高。高家镇遗址分布范围大，文化深厚，是迄今为止三峡地区所发现的时代最早的旧石器文化遗存的代表。2001年6月25日，高家镇遗址被中华人民共和国国务院公布为第五批全国重点文物保护单位。

● 高家镇遗址

重庆冶锌遗址群

1994 年，为配合三峡水库淹没区地下文物保护工作，四川省文物考古研究所对丰都县庙背后村（今兴义镇杨柳村）进行了小面积试掘。考古队员们试掘发现了冶炼罐、炉渣、炉灰等遗物，并确定它们为冶炼堆积物。2003 年，河南省文物考古研究所对庙背后村进行正式发掘。出土物经北京大学、北京科技大学检测后，并经专家一致确认，庙背后村就是一处冶锌遗址所在地。随后通过一系列的考古发掘工作，专家们认定：丰都县境内有分布密集、规模巨大明代中晚期的冶锌遗址群。2006 年，丰都石柱明代冶锌遗址群被发现，这是我国发现最早的冶锌遗址群。重庆冶锌遗址群为全国重点文物保护单位。

● 重庆冶锌遗址

汇南墓群

位于重庆市丰都县三合街道滨江西路 8 号，时代为西汉延续至南朝。1987 年文物调查时只发现汇南乡新湾村一处，分布面积约 1 万平方米。1992 年四川省文物考古研究所三峡考古队调查时，将长江南岸西起峡南溪、东至龙河大桥的 23 个山梁子，统称为"汇南墓群"，有汉代至六朝古墓葬 1000 余座，分布面积约 330 万平方米。1993 年至 2005 年，为配合三峡库区丰都新县城移民搬迁建设，先后由四川省文物考古研究所、重庆市文物考古所等考古科研单位发掘，出土大量器物，种类包括陶、瓷、铜、铁、银、玉、琉璃等，器型有罐、碗、钵、盘、杯、勺、瓢、壶、甑、釜、房、塘、井、案、俑等。其中汉代白釉瓷

● 东汉白釉瓷碗（汇南墓群）

● 烟墩堡遗址

碗为我国早期瓷器典型代表，汉代陶鞍马证实了汉代有无马鞍的争论，胡人武士俑、哺乳俑、汉代乐舞俑等全国罕见。汇南墓群分布面积大，文物精品多，所跨时代长，其大批古墓葬的发掘及大量文物出土，为研究长江三峡地区政治、经济、军事、文化及其相关丧葬文化等提供了珍贵实物资料。2013年被列入第七批全国重点文物保护单位。

烟墩堡遗址

位于重庆市丰都县三合街道商业二路，分布于长江右岸的二、三级台地后缘，四级台地前缘，分布面积1万平方米，文化层厚0.8～2.3米。1994年发现，1995、1996、1998年由中科院考古队发掘，3次发掘面积共980平方米，出土各类标本11309件，其中刮削器、凹缺器、端刮器、砍砸器、尖状器等石器1382件。烟墩堡遗址属旧石器时代遗址,该遗址地处南北方工业分布区之间,出土石器呈现南北交融特色。一方面,石器原料均为砾石,为南方砾石的特点;另一方面,该遗址石片和断点绝大多数呈现北方特征。该遗址分布面积大、标本丰富、石制品含量大、种类多、研究价值高。零台面石片在烟墩堡旧石器遗址的出现是一个有意义的发现,为"摔碰法"技术的起源提供了线索。零台面石片代表着生产石片的独特技术,旧石器时代晚期在我国西南地区得到过充分发展,并延续到新石器时代。该遗址的年代推测为中更新世早期,属文化分期的旧石器时代早期,距今约73万年,是三峡库区长江沿岸目前发现的时代最早的旧石器遗址。烟墩堡旧石器遗址位于长江岸边,背面为低山丘陵,适宜于动植物的生长与发育。人类的生产方式可能更多地以采集植物根茎和果实为主,从而制作和使用大型的用于采集的工具。长江流水带来的磨圆度较高的砾石在河滩堆积,也为人类早期工具的制作提供了丰富的石料来源。该遗址为"1996年全国十大考古新发现"之一。2000年被重庆市人民政府批准公布为第一批市级文物保护单位。

玉溪遗址

位于重庆市丰都县高家镇川祖社区15网格,长江右岸的一级台地上,北临长江,东北靠玉溪沟。分布面积为80000平方米,历经的时代有新石器时代、战国、商周、汉至六朝、唐宋、明清等。文化层厚6米,达50余层。1992年三峡库区文物调查时发现,1993、1994年多次复查,1994年试掘,挖了一条长4米、宽2米的探沟,出土了大量兽骨,骨渣,炭屑,红烧土,打制石片,夹砂红、褐陶片。1999年至2001年重庆市文物考古所多次在此进行发掘。发掘面积近5000

● 玉溪遗址

● 玉溪遗址地层剖面

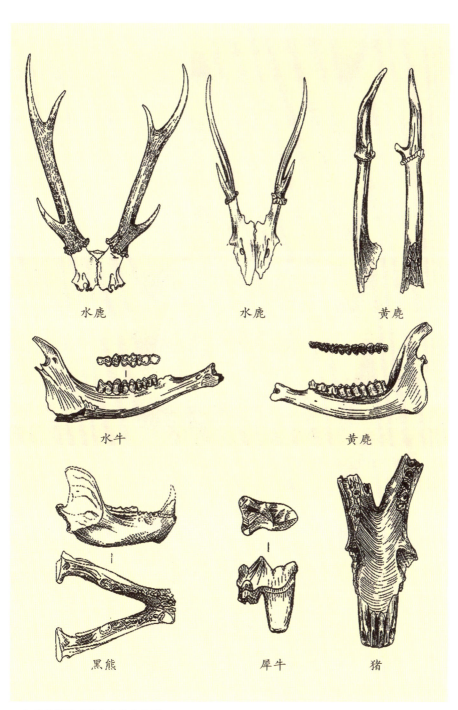

水鹿　　　　　　　水鹿　　　　　　　黄麂

水牛　　　　　　　　　　　黄麂

黑熊　　　　　犀牛　　　　猪

● 玉溪遗址下层出土动物骨骼

石器

骨器

陶器

● 玉溪遗址下层出土器物

平方米。出土的新石器遗存中含有大量的动物骨骼（有鱼、螺、鹿、羊、水牛、狼等物种）、石制品（有万余件，绝大多数为打制石器，少数仅见磨制刃部。器型较大，以毛坯残片、断块为主，成器较少，显示出加工场特点）及少许城背溪文化的陶片（多为夹砂红褐陶，纹饰仅见细浅的绳纹，质地粗疏，火候较低，均以泥片贴筑法制成，可辨器型有折沿垂腹圜底釜、斜直壁圈足碗、敞口圈足盆、圜底钵、平底杯等）和具有哨棚嘴文化、大溪文化特征的陶片。战国遗存有花边口圜底罐、花边口釜、素缘罐、尖底盏、青铜矛等。在遗址西南部还发现一座大型唐代房屋基址,包括主体建筑及附属建筑两部分。另出土汉代、宋代、明清时期的陶瓷残片。该遗址时代早,跨度大,保存完好,分布面积大,文化堆积厚,为研究巴文化的起源、发展及峡江地区古文化发展史、古代居住习俗提供了宝贵实证资料。2000年被重庆市人民政府公布为第一批市级文物保护单位。三峡水库蓄水后,该遗址现淹没于水下。

木屑溪冶炼遗址

● 木屑溪冶炼遗址

　　位于重庆市丰都县兴义镇长江村1社长江右岸一、二级台地上,分布面积1320平方米,文化层厚1米。时代为宋代、明代。1992年由四川省文物考古研究所三峡库区地下文物调查组发现。1993年、1994年复查,2004年11月由河南省文物考古研究所发掘。出土大量冶炼罐、支座、垫圈等器物。现淹没于水下。采集和出土的文物对研究古代早期炼锌技术有重要意义。该遗址与九道拐冶锌遗址、庙背后遗址等纳入重庆冶锌遗址群。2009 年被重庆市人民政府公布为重庆市第二批市级文物保护单位。

悟惑寺

● 悟惑寺

悟惑寺地处长江南岸，位于丰都县兴义镇境内，距丰都县城 18 公里，距沿江高速公路 5 公里，海拔 800 米。明代始建于兴义镇泥巴溪村古官山顶，名曰"古官寺"。后因山顶风大，易遭火灾迁至山腰龙洞处，名曰"永兴寺"。数年之后，此处与寺院不相称，省外二地仙路过于此，口吐惠言，曰山阴之麓正对木鱼之堡才是佛爷所在佳地，故此于清代乾隆年间该寺建于此地，名曰"悟惑寺"。悟惑寺建筑占地面积 6 亩余，有耕地面积 25 亩，拥有庙产上百石。该寺原藏经书百余卷，尤有特色、四棱上线、光滑平整的石柱（均在 6 米以上）四十八根。该寺正面方向视野开阔，可视长江行舟，左右前方 30 米处各有一口水塘，可供观赏垂钓。由于寺庙环境优美、条件优越、历史文化悠久，曾为驰名川东地区的古刹，现列为市级文物重点保护单位。

名山王氏贞节牌坊

牌坊高 11 米，宽 7 米，由青石砌成，正面刻有川剧人物，反面则是八仙过海图，两侧是翰林院编修徐昌绪书写的对联。王氏贞节牌坊坐西南朝东北，建筑面积约 93 平方米，为四柱三间五楼结构，高 11 米、宽 7 米，分四柱四层，采用青砂石砌成。各檐下施斗，自下而上分别为：一重檐下二斗共六攒，二重檐下二斗共四攒，三重檐下一斗共三攒。牌坊的横枋正面写有"圣旨旌表""邑增生王正极之女许字儒同沈凤三过门守贞王五姑寿英节孝坊"等字样。背面写有"冰雪为心"及"光绪五年乙卯季春"等字样。牌坊上纹饰雕工精细，镂刻的人物栩栩如生，形象逼真。牌坊上还有清代著名书法家徐昌绪、知县何贻孙分别撰题的对联，以及张绍龄所写序言。2019 年，名山王氏贞节牌坊被重庆市人民政府公布为第三批重庆市文物保护单位。

曾氏节孝坊

位于重庆市丰都县高家镇建国村 15 社梨耳树。始建于清光绪十七年（1891）。为旌表谭嗣金之妻曾氏夫死不嫁，孝敬双亲而立。该坊坐东向西，建筑面积 31.20 平方米，为石质三重檐牌楼，底层面阔四柱三间 9.75 米，进深 3.02 米，高 11.20 米。正脊塑葫芦状宝瓶，螭尾高翘，各檐下施斗，自下而上分别为：一重檐下二斗共六攒，二重檐下二斗共四攒，三重檐下一斗共三攒。横枋正面书"圣旨""怀清履洁""处士谭嗣金之妻曾氏节孝坊",背面书"旌表"及"清朝光绪十七年"等字样。坊正面、背面刻花草 25 幅、人物故事 14 幅、动物 16 幅等浅浮雕图案及书法 11 幅。该节孝坊作为本县至今保存较为完整,且为数不多的清代牌楼建筑之一,其造型美观,雕刻精致,书法严谨端庄、苍劲有力,有着较高的历史、艺术和科学价值。1987 年 10 月 8 日,丰都县人民政府将该节孝坊公布为重点文物保护单位。

● 曾氏节孝坊

包鸾人民桥

● 包鸾人民桥

该桥建于1951年，至今已经过68年风雨洗礼，成为包鸾场镇上一道独特的风景，吸引不少游客前往观光游览。桥体全部为木质材料，采用传统榫斗构架建成，未用一根铁钉。支撑全桥重量的12根柱子和6条横梁直径均为40～60厘米的木料，桥上最长的横梁有20多米。人民运动桥呈南北走向，总长30米，宽5.5米，高4.5米，北端与包鸾场镇的老街相连，南端搭建在用青石修建高于地面2米的桥头堡上。桥顶两端的双重翘角飞檐，覆盖着青色的鱼鳞式窑瓦。南端桥头堡两边分别竖立长方形的题刻石碑各一块。左侧石碑刻有庆祝运动桥成功纪念。斗转星移，历经68年风雨洗礼的人民运动桥虽然桥体木料渐变黝黑，桥头两端青石局部风化，但桥体至今结构坚固。桥头两端双重翘脊风雨墙上镶嵌的红"五星"也仍然光亮如新。2019年，包鸾人民桥被重庆市人民政府公布为第三批重庆市文物保护单位。

惜福桥

位于重庆市丰都县三合街道新建社区 1 社场上，该桥为木石结构，单孔廊桥，呈东南至西北走向。桥长 20 米、宽 6.1 米、高 12.7 米；石拱高 3.35 米、跨度 15.4 米。桥西面有石阶踏步十一级，东边有三级，桥面石栏杆高 1 米，桥面建廊，为穿斗式梁架，长 18 米、宽 5.05 米。桥面原立有石碑三块，其中有两块的尺寸宽 0.8 米、高 1.8 米、厚 0.15 米。现仅存一块，另两块已损毁。桥栏杆、柱子上雕有人物生产生活场景、动物等图案，桥中心处有一天心眼（直径 5 厘米），从天心眼往下看正好是犀牛石，上对正中心的太极圆。惜福桥对研究川东地区古桥梁有重要价值。2010 年 7 月 13 日被丰都县人民政府公布为第四批县级文物保护单位。

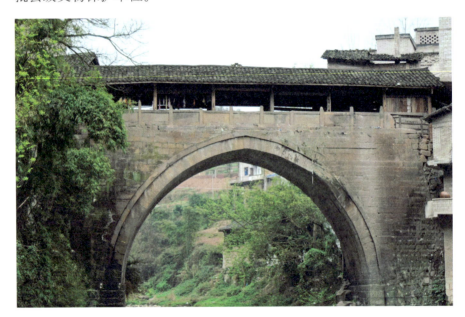

● 惜福桥

九溪沟大桥

位于重庆市丰都县南天湖镇三抚村1社。该建筑始建于1971年，海拔245米。呈东北至西南走向，占地面积1037.4平方米。总长140米，单孔净跨116米，桥面宽7米，净矢高14.5米，净拱度1/8，拱顶厚1.6米，拱脚厚2.15米，拱上两端腹拱对称各6孔，腹拱净跨5米，矢跨比为1/5，拱圈厚0.4米，桥面为混凝土，两端纵坡为3%。载重负荷按汽-13级设计，以拖-60进行验算。该桥于1971年动工修建，至1972年建成通车，为当时单孔跨径世界第一的石拱桥，国家邮电部为之发行纪念邮票一套。该桥建筑技术先进，设计合理，整体面貌宏伟壮观，具有较高的科技、美学价值。是丰都境内乃至重庆有名的建筑之一。2010年7月13日被丰都县人民政府公布为第四批县级文物保护单位。

杜宜清庄园

位于重庆市丰都县董家镇关圣场村6社彭家坝，建于民国35年。杜氏庄园坐南朝北，主体为四合院。四合院平面布局为前堂、中堂、后堂及左右厢房，旁边有两座青石结构碉楼，有防空洞和校场等。占地面积3160平方米，建筑面积1360平方米。庄园建筑所用立柱大部分采用雕花石柱和木柱，用材考究，布局合理。木质和木柱全部采用桐油处理。四合院建筑均为穿斗木结构，房屋坡顶盖有小青瓦，中轴对称，占地1738.8平方米，通高15米，围墙高大。前厅为悬山式穿斗木结构，面阔三间10.55米，进深二间7.7米，通高14.5米，台阶10级，台基高2.4米。中厅为悬山式穿斗木结构，面阔五间18米，

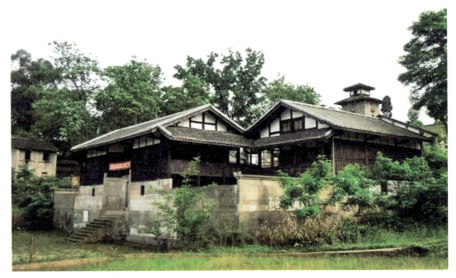

● 杜宜清庄园

进深二间 6.5 米，通高 5 米，左右厢房面阔三间 12.4 米。四合院东西两侧各建有一个石碉楼，碉楼为重檐悬山式屋顶，由条石砌成主体，面阔三间 14.3 米，进深 13.1 米，通高 15.2 米。每层外墙四周分布有大小不一的瞭望孔和射击孔，碉楼一前一后俯视庄园周边。具有典型的川东民居特点。站在后花园的碉楼上远眺，群山起伏，连绵不断，溪流蜿蜒，田园风光历历在目。2009 年被重庆市人民政府公布为第二批市级文物保护单位。

小官山古建筑群

小官山古民居民俗文化园为明清时期典型的川东民居建筑群，再现了丰都古民居、寺庙、城门的历史风貌，有重要的历史、艺术、研究价值。2002 年开始拆迁，2006 年 5 月主体复建工程开工，2007 年

12月主体全面竣工，建筑群占地面积20001平方米，建筑面积7669平方米，2009年12月15日被重庆市人民政府公布为第二批重庆市文物保护单位。

● 小官山古民居

巴子别都

丰都曾作为巴国临时都城，史称"巴子别都"。距今约有 3000 年历史。《华阳国志·巴志》载："巴子时虽都江州（今重庆市渝中区），或治垫江（今重庆市合川区），或治平都（今重庆市丰都县），后治阆中（今四川省阆中市）。其先王陵墓多在枳（今重庆市涪陵区）。"

《水经》载："江水又径东望（突）峡，东历平都。"《水经注》载："峡对丰民洲，旧巴子别都也。"《重庆简史和沿革》载："菹为水草丰盛之地，孟子所谓'驱龙蛇而放之菹'是也，巴国的畜菹或许就是指的'丰民洲'"。《清康熙酆都县志》载："东望峡疑即观音滩是也。"明曹学佺所撰《蜀中名胜记》"酆都县"载："愚按丰民洲在平都山下，隋两取以名县。"由此可见，巴子别都就在丰民洲，丰民洲就在"平都山下"。而别都就是因政治、军事等原因，朝廷或国家在正式首都之外所选择的临时性、辅助性首都。巴国都城最后建在江州，但曾多次迁移。

有人论及，丰都为巴子别都时，是巴国发展鼎盛时期，其范围包括今重庆全境、四川东北部、四川北部、湖南西北部、湖北西南部、陕西南部、贵州北部等地区。认同"先王陵墓多在枳"的理由有很多：

一是巴国在至少千年的历史发展过程中，只有涪陵才有文献记载："其先王陵墓多在枳。"古代巴国时，其都城在重庆，阆中、合川、丰都作为别都，也只有丰都距离涪陵最近，且有长江水路，王族殡后安葬最为便捷。二是"其先王陵墓多在枳"，说明丰都作为别都时，至少是数代、数十代王朝。因为这里埋葬的王墓最多，而少数的在别处。三是只有经济发达、社会安定、居住久长时，才会规划王陵集中办事。巴国在长期的迁徙中，已有多处都城，从重庆到涪陵，在古代的交通条件下，其行程也十分艰难，更何况其都城周围亦可选择陵地，何须远葬涪陵？合川、阆中两处别都，也未曾载有王陵文献，可见其停留时间不长。

巴人起源，伴随神话传说，巴国的出现，带着神秘色彩。《山海经》载："西南有巴国。太皞生咸鸟，咸鸟生乘釐，乘釐生后照，后照始为巴人。"据史料记载，公元前11世纪中叶的先夏时期，在三峡巫山地区，有一群以捕鱼为主，狩猎为辅，农耕为次的巴族，加之长期从事泉盐生产、经营，对周围各地情况比较了解，在当地日益不能承受更多族民的情况下，开始逐渐向外迁徙。外迁巴族中最有影响的则是巴人务相氏族（又称白虎巴人），他们东迁清江（即夷水）流域，与此同时由三峡巫山诸部分离出来的其他四个氏族，经过一段时期接触，为了对内对外需要，五个氏族联合成部落。《世本·世系篇》曰："廪君名务相，姓巴，与樊氏、暲（音shěn）氏、相氏、郑氏，凡五姓，俱出皆争神，以土为船，雕文画之而浮水中，其船浮因立为君。他船不能浮，独廪君船浮，因立为君。"因巴氏族居领导地位，故称巴部落。以廪君为首的巴部落形成后，沿着清江返回，很快到达今湖北省长阳县香炉石一带。当地水曲山险，易守难攻，故廪君在此筑以土城，因夷水而名夷城，建立起以自己为君，樊、暷、相、郑四姓贵族为臣的部落联盟统治机构，成了渝东、鄂西、黔北最大的政治力量，后发展为巴国，并融入夏王朝。西周王朝建立后，为了加强巴国控制，加之助周武王伐纣有功，故灭商后将姬姓宗族封到巴族聚居地，建立亲周姬姓藩封之国。因首领为巴，故而叫巴子国，史称巴国。《华阳国志·巴志》载："武王既克殷，以其宗姬封于巴，爵之以子。古者远国虽大，爵不过子，故吴、楚及巴皆曰子。"战国中期，巴国灭于秦。

常言道，西北豪放，东北粗犷，中原厚重，江南细腻。而巴人有其独特的文化特性。

一是巴人崇忠义。巴人的忠，忠贞不贰，巴人的义，见义勇为。《华阳国志》记载：周之季世，巴国有乱。将军有蔓子请师于楚，许以三城。楚王救巴。巴国既宁，楚使请城。蔓子曰："藉楚之灵，克弭祸难。诚许楚王城，将吾头往谢之，城不可得也。"乃自刎，以头授楚使。（楚）王叹曰："使吾得臣若巴蔓子，用城何为！"乃以上卿礼葬其头。巴国葬其身，亦以上卿礼。东汉末期，严颜奉命镇守江州，拒战张飞，誓死不降，宣称"我州但有断头将军，无有降将军也"，仿佛巴蔓子再生，从此"严将军头"成了忠义的代名词。这些故事强烈地反映了巴人忠于国家、忠于职守，远胜于自己生命。

二是巴人尚勇武。巴人以白虎为图腾，巴地多青铜剑出土，崇尚勇毅早已深入骨髓，能征惯战早已融入民风。《华阳国志·巴志》记述巴人之"勇"，一文之中，五次提及。一称周武王伐纣"巴师勇锐"；一称秦汉人"天性劲勇"；一称板楯七姓"勇敢能战"；一称万州之民"人多劲勇，少文学，有将帅才"；一称武陵之民"人多戆勇""斗讼必死"。如此笔法，实属罕见。巴人勇武，闻名于战功之显赫。商朝末年，巴人参与武王伐纣，"歌舞以凌殷人，前徒倒戈"。春秋时期，巴人为捍卫巴国利益，先后征战邓、申、楚、庸等国。秦朝末年，巴人应刘邦招募参与征战，冲锋陷阵，备受称道。东汉时期，板楯蛮奉命抵御羌人入侵，"来虏殄尽，号为神兵"。而今，巴人勇武，最流行的说法就是："巴有将，蜀有相。"

三是巴人守信用。秦昭襄王时，白虎为害，自秦蜀巴汉患之。昭王乃重募国中："有能杀虎者，邑万家，金帛如之。"于是夷朐腮、廖仲药、何射虎、秦精等，乃作白竹弩。如高楼上射虎，中头三失。白虎常从群虎，瞋恚，尽搏杀群虎，大吼而死。秦王嘉之曰："虎历四郡，害千二百人。一朝患除，功莫大焉。"欲如约，且嫌其夷人。乃刻石为盟约。复夷人顷田不租，十妻不井，伤人不论，煞人雇死。俟钱盟曰："秦犯夷，输黄金一两，夷犯秦，输清酒一壶。"夷人安之。汉兴，亦从高祖定乱，有功。高祖因复之，专以射虎为事。户岁出賨钱口四十。故世号白虎复夷。一曰板楯蛮。今所谓头虎子者也。这是史上秦廷与巴人制定盟约的明确记录，虽然朝廷履约过程中表现出了某种曲折性，但最终仍然"如约"。尤其是双方的"刻石盟约"体现出了一定的对等原则，投射出古老的契约精神，堪称优秀文化传统。今天之重庆人、丰都人亦如是。

四是巴人重质直。质朴实诚不虚伪，正道直行不拐弯，质直是巴人最为鲜明的人文个性和精神品质。《华阳国志·巴志》高度评价巴人"其民质直好义，土风敦厚，有先民之流"，且"其人性质直，虽徙他所，风俗不变"，尤其强调"而其失在于重迟鲁钝，俗素朴，无造次辨丽之气"。可见巴人质朴正直，俗尚素朴，行事不鲁莽轻率，说话无花言巧语。而今，巴人的"质直巴性"，一脉相承演化成了重庆人的"耿直天性"，既成了一种行为习惯，也成了一种评价标准，深深地影响着每一个重庆人的心理和言行。

五是巴人讲义气。至于巴文化中的"义"，更是史不绝书，不仅已经充分体现在上述历史记载中，而且颇获先贤尤其史家赞誉。如巴人充当武王伐纣和汉高祖还定三秦的英勇前锋，并非仅仅是由于其"天性劲勇""锐气喜舞"，更是因为周武王和汉高祖的"统一"战争，富有一种征讨暴戾、"替天行道"的"道义"正气，因而巴人充当急先锋，也体现出其尚义崇德的理念和精神。《华阳国志·巴志》褒扬其地"五教雍和，秀茂挺逸。英伟既多，而风谣旁作。故朝廷有忠贞尽节之臣，乡党有主文歌咏之音。"尤其称赞"板楯七姓，以射虎为业，立功先汉，本为义民！……其人勇敢能战……号为神兵！"其英勇气概和凛然正气，可谓义薄云天。

六是巴人喜歌舞。巴人最有代表性的舞，是巴渝舞。巴渝舞属于武舞，是具有战斗力的一种军舞。《华阳国志·巴志》载："巴师勇锐，歌舞以凌殷人，倒戈。""天性劲勇……锐气喜舞。"汉高祖刘邦见到这一战舞，因欣赏巴人英勇与气概，遂引入宫廷并命名为"巴渝舞"。巴人歌舞之盛，还藏于民间。"下里巴人""阳春白雪"的典故，就发生于三峡地区的东西两边。唐代诗人刘禹锡在《竹枝词九首》序中说："里中儿联歌《竹枝》，吹短笛，击鼓以赴节。歌者扬袂睢舞，以曲多中贤。"可见民间歌舞之盛。巴人歌舞，文武兼备，豪放与细腻并存，实为巴地文化奇葩。

七是巴人善商贾。巴人的商贾传统，起源甚早。《山海经·大荒南经》记载，远古时期巫臷国"不绩不经，服也；不稼不穑，食也"。不纺织而有衣穿，不种田而有饭吃，原因安在？巫臷国的"臷"，原始含义为手持兵器用车押送物资，折射出大巫山一带曾经有过盐业贸易的历史，以至当地居民不务耕织，依然有吃有穿，生活富裕。现在巫溪宁厂古镇的盐业遗址就是物证。丹砂，素有"不死之药"之称，是早期巴人经营的又一重点资源。战国时期，巴寡妇清"其先得丹穴，而擅其利数世"，且"能守其业，用财自卫，不见侵犯，秦皇帝以为贞妇而客之，为筑女怀清台"。巴人善酿，由来已久，商周到唐宋，三峡地区盛产"清酒""巴乡清""曲米春"等名酒，故酒业发达亦是巴人商业的又一特点。

八是巴人有语言。这语言是独特的，是与巴国紧紧相联系的，而且一直延续至今的，同时也是古代方国中所少有的。如把古代聚居的地方叫巴河、巴江、巴水河，巴山、巴岭、巴渠、巴峪关、巴岩洞。独产的一种小鱼叫巴鱼。抓鱼的篾器叫巴篓，晒鱼的篾折叫巴笆。蒸熟的馍也叫巴粑。对赤身拉滩的船夫（含嫌太热脱去上衣者）叫精巴子或光巴子。来往汉中地区的背夫叫巴山背二哥。撑手掌叫耳巴子。对办事认真的人叫巴心巴肠、巴拦不得。生于山野的植物叫巴岩香、巴岩姜、巴戟天、巴豆、巴茅。骂人的话叫妈那个巴子、巴蛮子。把一种粗大的蛇叫巴蛇等。

移民历史

    在中国典籍里，最早出现"移民"词汇，是《周礼·秋官·士师》所载："若邦凶荒，则以荒辩之法治之。令移民通财，纠守缓刑。"意思是，如果一个邦国内发生灾害、饥荒，可以让受灾民众迁往谷物丰盛的地区发展。也就是说，由于经济原因，当时的政府已经开始组织或者鼓励受灾地区灾民向谷物丰饶的地区流动、迁移，以此解决灾民的粮食问题。《周礼·地官·邻长》则记"邻长"职责说："邻长掌相纠相授……（民）徙于他邑，则从而授之。"即在当地居民要迁徙到他地时，由邻长开出证明。这说明，在中国先秦时期，人口流动与迁徙，已经成为基层社会一种比较普遍的现象。

    重庆地处我国南北、中西部交界地区，"西控巴渝收万壑，东连荆楚压群山"。虽然重庆地区大多是群山环绕，但是水道纵横，境内有长江、嘉陵江、乌江，为地区发展和外地人口迁徙提供了便利，是古代我国南北、东西居民流动的重要通道，亦为我国古代居民迁徙、混杂的主要地区。

    重庆作为长江上游重要的政治、经济、文化中心，无论是古代作为巴蜀地区的一部分，还是如今作为中国最年轻的直辖市，一直都有着悠久的移民历史，也正是在这人口不断迁徙的过程中发展着。丰都作为重庆的一部分，直接参与了重庆历史上多次的大规模移民。

一、战乱迁徙

事实上，除了人们为获得良好的生存环境和资源迁徙，或仕宦举家迁入如县志记载"杨大荣原为湖北孝感人，其五世祖德名仕元为万户，'统军莅蜀'，家住忠州丰都"这种个别迁徙外，大规模的移民就其根本原因，大部分都由战乱而起。

秦惠王时，三次通过秦巴山地的"秦巴锁钥"古道占领巴地，随后全国统一，遂有中原士人、移民迁入。魏晋以后，北方战乱，大量北方移民从关中南迁进入四川。而当时四川西部也渐被兵祸所及，迫使大量迁居四川西部的民众，又不得不向四川东部、东南部迁徙。这样，在这些移民的迁徙中，位处四川东部、东南部的重庆地区以及相应的沿江地区就成为移民的滞留地或定居地。

南宋后期，宋蒙战争爆发，至1279年，南宋灭亡。当时就有大量北方移民南下迁入重庆。特别是在蒙军大举进犯四川之初，流落于陕甘一带的西北难民纷纷沿当时的金牛古道、米仓道与荔枝古道，迁往四川万源，再从万源到重庆涪陵一带。其中许多在南宋后期落籍蜀地的西北流民，在川北一带定居未久，又被随即而来的蒙军侵扰，于是又和当地川人一起，南迁重庆各地。

明朝是重庆地区历史上人口流动的频繁时期。元明之际长期的大规模战争，社会动荡，民不聊生，人口流失严重，经济社会遭受严重破坏。而每次人口锐减后，都存在大量人口容纳空间，这就使得大量寻找土地生存的移民陆续迁入巴蜀地区。至明清时期，由于战乱引起的人口锐减，大量湖北、湖南地区的民众向巴蜀地区迁徙，两湖民众成为巴蜀地区人口的主要来源。而巴渝的水陆交通则成为重要的交通要道。丰都也随之有大量移民迁入。

二、湖广填川

宋元之际，巴蜀地区战乱，人口大减，湖湘之人"相携入蜀"。元朝末年，红巾军入蜀，明玉珍大夏政权在重庆设立，随军入蜀的军士大多是湖广人籍。这两次大规模的移民活动，使长江中下游向巴蜀地区的移民渐入高潮，学界认为这是明清之际"湖广填四川"之始，或者称为第一次"湖广填四川"。

元明之际，战争原因又导致巴蜀地区人口稀少、土地荒芜，寻找土地的民众陆续迁入。这一时期，移民来源范围广泛，主要有湖广、安徽、江苏、浙江、福建、贵州、陕西、山西、山东、河南、河北等地，但仍以湖广地区为主。由于这次向巴蜀地区的移民规模大、时间长，民间俗称为巴蜀历史上的第二次"湖广填四川"。

明末清初，现今的四川重庆地区，战争频仍，满目疮痍，再次出现了人少地多的情况。清人欧阳直著《蜀乱》记"地方残民尽饿死，田上尽荆莽矣"，民国《重修丰都县志》载："城野数百里迄无居人，户口全空矣。"于是，清政府采取措施，鼓励湖广农民向四川、重庆迁徙，这是第三次"湖广填四川"，也是最大规模的人口迁入。到现在，四川、重庆地区的民风民俗，有相当部分仍来源于迁入移民所在地民间文化。

道光《夔州府志》卷34载"清初每天由三峡水道入川达到数千人之众"。根据三峡沿线区县如忠州、云阳、奉节、巫山、万州、丰都等地方志记载，当时大部分移民来自湖广等地。这些人中，湖广、江西、福建、浙江、陕西等籍贯的移民占了当地民众的大部分，土著人口却相对较少，以至形成了"主弱客强"的局面。丰都现在的大部分人口，仍然系这次移民的后裔，他们往往追祖怀乡，有的甚至湖广寻访。

移民所带来的不仅是人口增长，同时还带来了相关文化流入，特别是民风民俗的融入大大地丰厚了重庆文化。如重庆话主要是由湖广方言组成的西南官话，其不少词汇来自湖广、江西，重庆话中的"崽儿"就源于湖南。川菜烹饪方法中的红烧多由湖广移民带来，粉蒸则来自江西、安徽。现在仍然可见的民居白色外墙、风火墙，则来自江南徽式建筑。丰都人喜欢划龙船，划旱龙船，亦与来自中下游屈原投江故事有关。

三、三峡移民

三峡工程是世界上最为宏大的水电工程，从 1994 年动工，2003 年 6 月开始蓄水发电，到 2009 年全部完工，用时长达 15 年。而三峡工程所带来的百万移民，则是中华民族史上的最大移民工程。

丰都县地处三峡库区腹地，是三峡移民的重点县。是淹没区域较大、搬迁人口较多的区县之一，其县城也是重庆唯一全淹全迁的县城。三峡大坝蓄水 175 米后，将淹没陆地面积 30.47 平方公里，耕地 13422.35 亩，房屋 229.36 万平方米。

三峡工程给丰都带来了前所未有的发展机遇，但"穷家难舍，故土难离"，移民涉及 11 个乡镇，94 个村 275 个社，1 座县城，5 座集镇，90 家工矿企业，56 个机关事业单位。经过全县人民 13 年时间的艰苦努力，这些移民有的就地后靠，有的迁往他乡，特别是迁往浙江省湖州市的 182 户移民得到了妥善安置，现今发展很好。同时也为当地带去了丰都文化，带去了丰都人民的情怀。尤其是现代信息、交通发达，外迁移民与丰都联系紧密，再不似"湖广填四川"后"故土难回"。

丰都人民最具丰都情感，在移民工作如此繁重的情况下，在移民本身难舍故土的情况下，县委县政府号召全县人民捐资建设长江大桥，成为当时三峡库区一大创举。时任国务院副总理邹家华视察后，给予高度赞许，并欣然为丰都长江大桥题名。

县城搬迁，涉及城市建设、民众利益、经济发展，仍是三峡移民工作的头等大事。但是，一切困难都压不垮丰都人民，经过 8 年的日夜奋战，长江沿岸的第一座移民新城在长江南岸雄伟挺立，全县累计静态移民 5.46 万人，复建房屋 252 万平方米，完成移民投资 30 亿元，新城区建成面积达 4.5 平方公里。2001 年 9 月 8 日，丰都县城正式搬迁新址。

第五节
地灵人杰

　　丰都地理优越，长江水道润其发展，在近两千年的建县史中，涌现出了许多优秀的历史人物。他们在各自所处的时代或勤政为民，服务桑梓；或立志科教，奉献智慧；或寻求真理，投身革命；或着力商贾，发展经济；并以滴水成河、聚沙成塔的执着，展现了丰都人民的精神面貌。在这里列举几位代表人物，以飨读者。

一、杨孟瑛：疏浚西湖，筑杨公堤

　　杨孟瑛（1458—约1523），字温甫，号平山，丰都县城人；明朝成化年间进士，官至杭州府知府（正四品），疏浚西湖，修杨公堤；后辞官回乡，教书育人。守孝期间，编纂明朝版《酆都县志》。

　　他出生在酆都县城一户官吏人家，其父杨大荣为酆都县首位进士。丁未年（1487），他被赐同进士出身，授予户部主事（正六品）官职。1494年，回家守孝，参与《酆都县志》编纂，可惜毁于兵燹，仅存《酆都志目录序》1篇。守孝期满后，返京复职，擢升刑部员外郎（从五品）。不久，又升任云南司郎中（正五品）。到任后，不辞辛劳，掌灯阅卷，

● 杨孟瑛像

公正审查，按律定罪，民声大赞。

杭州府弊政频发，1502 年，杨孟瑛擢升为杭州府知府。上任不久，恰遇天灾，粮荒四起，借出府库银两主动救灾，饥民得救。任期发动民众增筑粮仓 60 座，征集百姓余粮 70 万石，并以旧粮换新粮之法存粮备荒。朝廷大加赞赏，各地纷纷仿效。

为改变西湖易受洪灾状况，泽被杭州民众，他不辞辛劳，多次亲临查勘。之后，联络御史车梁、佥事高江，起草《请开西湖奏议》，上奏朝廷，获准并令其主持疏浚。1508 年 2 月，疏浚西湖工程开工，1508 年 9 月疏浚西湖主体工程完工，耗银 23067 两。堤上筑六桥，沿堤种植桃柳。至此，西湖旧貌更新，行船航道通达。后人为纪念杨孟瑛，称此堤为"杨公堤"，与苏堤、白堤齐名。杨孟瑛在杭州知府期间，还修缮城池，整修贤祠，禁暴革弊，体恤民情，为民争利。

1509 年 11 月，卷入党争，朝廷罢免杨孟瑛官职。1510 年，杨孟瑛辞官回乡，招授乡童，教书育人。死后葬于酆都县城东六里砚台石龙潭溪。

近年，杭州有关部门于西湖景行桥畔，修建杨孟瑛纪念亭及雕塑，将其与李泌、白居易、林逋、苏轼等人一同纪念。同时，丰都人在名山景区内修建了五云书院（前身是平山书院），纪念杨孟瑛及其同为进士的父亲杨大荣。

二、佘元章：中国石油开创者

佘元章（1838—1918），名琴雅。丰都县城人。同知衔，担任陕西省怀远县（今陕西横山区）、延长县知县，是近代中国石油业的开创者之一。

佘元章自幼生活清苦，按照父亲要求勤奋读书，常常学而忘餐，幼即"入学"，经考试成为秀才。清光绪丙子年（1876），38 岁的佘元章赴成都府参加乡试，考中举人，并以"大挑壹等"候缺等待任命。

因家中仅能温饱，无钱打点，佘元章候缺时间长达 19 年。在候缺的漫长岁月中，于丰都教学，其门生甚多。曾主讲于五云书院（院址在名山奈何桥旁）。在此期间，他还自读大量医书，研习为人诊病治病。善待来家求医者，从不收取患者费用，对穷苦者还"助以药裹之资"，或者亲自为之煎药赠送。后来，在陕西为官时被人称为"前堂审案，后堂诊病"的县太爷。

清光绪二十一年（1895）因陕北连年灾荒，民不聊生，朝廷派不出愿意到灾区做官的人，就在候缺人名单里查找，才给 57 岁的佘元章放了个远在千里之外的怀远（今陕西横山）知县的缺。第二年，这个缺又被一个叫张祥龄的人继任了。

光绪二十五年（1899），陕西延安府延长县灾荒四起，朝廷派佘元章到延长县做知县。任职不到两年，被马兆森继任。1903—1906年，又在延长县做知县。他在延长任职五年，干了三件大事。一是放粮赈灾，二是修渠，三是开采石油。

1899年，佘元章为改变延长落后面貌，跋山涉水考察全县。在延长川道各处，看到石头缝里有油液流出，当地百姓白天把木棍插进石缝，晚上取回用作燃灯照明。他认识到这种油肯定能为百姓带来福利，于是在缺少科学技术，又无资金的情况下，从自己微薄的俸禄中挤出钱来雇请工匠，用类似打井法打取油井，居然打出了油。

1903年6月28日，陕西巡抚允升将佘元章禀文上报朝廷，光绪皇帝批示商务部办理。为让石油开采权不落到德国人手里，陕西省、商务部与德国天津领事馆进行了一年多斗争，最终将开采权归为清政府。1905年3月，佘元章用拨款积极开采石油，建设炼油厂，聘请日本人阿部正治郎到延长做技师，同时让自己的长孙佘孟凡弃学跟着日本技师当学徒。1907年9月10日钻到81米处完井，初日石油产量1吨。10月，建成了中国陆上第一个炼油房，生产出了"洋油"，结束了中国陆上不生产石油产品的历史。

1895年，佘元章返回故乡时，虽在陕西为官多年，竟毫无积蓄，不得不典卖家中物品才得以成行。回到丰都后依然为群众免费诊治疾病，家中人口多，用费颇繁，以致小儿子上学时没有鞋穿而赤脚。1927年版《酆都县志》赞述："蔬食苇布，依然儒素，又十余年乃卒，尤为人之所难。"死后与妻子傅氏同葬于湛普铁壕祖墓。

三、徐昌绪：东川书院山长，书《蚕林碑》传世

徐昌绪（1824—1892），字琴舫，号遁溪，丰都县二甲场双龙场（今双龙镇）人。清咸丰年间进士，授翰林院编修，曾任重庆东川书院山长（即现在沙坪坝重庆第七中学前身），擅书法，有《蚕林碑》书帖传世。

咸丰丙辰年（1856）中进士，授翰林院编修。不久，参与朝廷谈判英国，签订停战协定。之后，拒绝两江总督曾国藩和贵州巡抚曾璧光邀请。同治七年（1868），徐昌绪回到丰都后担任平山书院山长，父亲徐云岩让其编纂《酆都县志》。历经6月，编成志书4卷12篇10万余字。

同治八年（1869），徐昌绪受川东兵备使锡佩邀请，担任东川书院山长，长达20余年。其间，亲自讲授，徐昌绪曾亲手楷书誊抄《十三经注疏》《二十四史》部分内容，使学生习字中兼知经义大略。为振兴书院教育，徐昌绪募集巨资置办书院院田，将其收入作为教师授课费用和学生奖励资金。徐昌绪喜勤奋学生，常给资助。书院文风大兴，名振川东。同治九年（1870），清末重臣李鸿章途经重庆，携礼访徐。

徐昌绪能文能诗，书法尤其绝妙，所写《蚕桑碑》《文昌帝君阴骘文》精妙。徐昌绪为东川书院书联："遍游五岳西归，数足下名山谁似吾乡钟秀气；欲障百川东去，看眼前逝水我从何处挽狂澜。"此联一直保存到民国初年。

光绪甲申年（1884），因丰都县城遭遇特大火灾，徐昌绪向重庆商界募集巨款，接济众多受灾民众，多年后家乡父老还念念不忘。光绪壬辰年（1892），徐昌绪去世，葬于江北鱼咀沱上游五里处（今重庆市江北区鱼嘴镇），面向长江，与广阳坝隔江相望。

四、王净友：倾心社会事业，一生奉献丰都

王净友（1892—1945），字成富，男，汉族，丰都外十二甲场高家镇人（今高家镇）。王净友少年时在雷琢成家读私塾，后毕业于忠州中学堂。青年从军，做过四川督军熊克武幕僚，协助刘伯承策动川军陈兰亭、袁品文、皮兴泽的泸州起义，曾以国民党左派代表身份出席过国民党四川省代表大会。后回丰都投身公益事业，办学校、办医院、办慈善院，成为丰都有名的公益事业者。

1930—1942年，王净友多次出面，营救共产党人曾季鲁、张显仪，以及进步学生王学圣等，开设"麦加利中药铺"，成为地下党联络点。

投身公益事业后，成就卓著。1929年，军阀混战，灾荒不断，丰都基础设施建设十分落后，学校、医院很少，人们靠点桐油灯、煤油灯照明。王净友回到丰都，寻求资金，亲自设计，亲自督办，着力投身公益事业。在短短的10余年时间，白手起家，办起了许多公益事业。特别是1935—1945年间，振兴适存女中，创办复兴小学、惠平小学、琢成中学、福人中学，创办地方医院、会计训练班、救济院（下设孤儿所、乞儿院、育婴所、恤贫所、贷款所、电影院、军乐队、图书出租店），建有电灯厂、牛奶场、制革厂、纺纱厂、福群煤矿等。

到校读书的部分学生家庭贫困，但成绩优秀，王净友积极动员地方士绅筹集各类奖学金，让这些优秀学生得到救助。他还通过各种渠道，帮助一些成绩好的学生报考中学或职业学校，争取公费，免费入学。介绍不能升学的学生到重庆青年电影院、新华印刷厂、冠生园当学徒，到重庆五十兵工厂、新裕纱厂等地当工人，扩大升学就业路。

王净友任县临时参议会副议长时，不介入任何地方宗派，处理公

● 刘愿庵

务，公正廉洁。在兴办各项公益事业中，克己奉公，义务任职，从不畏惧地方恶势力。1945年8月因病去世，年仅53岁。

五、刘愿庵：传播先进思想，投身革命实践

刘愿庵（1895—1930），男，字坚予，原名孝友，又名刘侗、愿庵，陕西咸阳人，共产党员，曾任中共六大代表、中央候补委员、四川省委书记，革命烈士。

1911年，辛亥革命爆发后，弃学从军，声讨袁世凯，后在川军杨春芳部任秘书。1922年12月，他到丰都县任知事，推行开明德政，处决作恶多端的团总、恶霸地主。县民自愿捐款，在名山建造"知事刘侗德政碑"以示纪念。后因所施德政触及地主豪绅、反动军阀利益，被告"黑状"押解到万县拘禁，幸获贺龙营救。脱险后到成都西南公学任国文教员，与恽代英共同发起创建"蓉社"。从此，开始接受马克思主义，立志"以谋求中国人民及全世界被压迫者的解放为终身事业"。

1924—1929年，他辗转宜宾、重庆、成都，隐蔽自己真实身份，积极开展马克思主义传播，配合刘伯承等发动泸（州）顺（庆）起义，为恢复和整顿中共在四川的各级地方组织，发动工农运动，组织武装斗争，做了大量而卓有成效的工作。其中，1928年6月，他出席莫斯科中共六大会议，当选为中共六届中央候补委员。1929年6月，正式

成立中共四川省委，他当选为省委书记，成立了中国共产党四川工农红军第一路总指挥部。

1930 年 5 月，因内奸告密，不幸被捕，军阀刘湘劝降不成，在重庆巴县将他和其他被捕共产党员杀害。刘愿庵就义时，年仅 35 岁。

六、江秉彝：民营企业家，丰都实业家

江秉彝（1902—1978），又名江志德，男，汉族，丰都县外十二甲场高家镇人（今高家镇）。

江秉彝以经营小买卖起家，有一定基础后，1936 年联合兄弟江志道、江志仁在高家镇创办"三江实业社"（寓意江氏三兄弟），生产榨菜、酱油，注册"三江"商标。

酱油酿造方法和菌种培育均引自日本，生产工艺考究，仅自然发酵时间就长达半年。所酿酱油为红褐色，清澈、无沉淀、色泽浓郁、味道醇香，深为人们所喜爱。生产榨菜的香料除一般香料外，还添加醪糟、白胡椒等，使榨菜色、香、味、脆，人们争相购买。

江秉彝善于生产、经营、管理，注重信誉，强调质量，不合格产品宁可倒掉也不出厂销售，确保产品质量，因此生意越来越火。"三江实业社"在江北洛碛设有分厂，在重庆、汉口、上海等地设有产品经销处，所产榨菜远销中国香港、朝鲜、新加坡、日本、美国等地。到 1948 年底，"三江实业社"拥有资产 500 余万元（房产 200 万元、流动资金 300 余万元），固定员工 72 人，挤入川东实业巨商之列。

1953 年，"三江实业社"被国家接管，转变体制为国营酿造厂。1978 年，江秉彝因病逝世，享年 76 岁。

光辉的革命文化

革命文化是中国共产党在依靠和团结中国人民完成民族独立、人民解放斗争过程中，以马克思主义为指导，汲取中国优秀传统文化思想，凝聚中国共产党人和人民群众的革命思想与精神的总和。

丰都人杰地灵，英雄辈出，革命文化厚重。

鸦片战争后，中国沦为半殖民地半封建社会，丰都人民就与全国人民一道，投身反帝反封建革命斗争中。1897年，丰都新建乡贡生朱芳柏就在北京参加戊戌变法维新运动。1911年10月，辛亥革命爆发后，丰都"同志会"率先响应武昌起义号召，于同年11月23日攻占县公署，宣布丰都独立，结束了清王朝对丰都的统治。1915—1921年，中国共产党早期组织发展时期，无数丰都有识之士、进步青年，纷纷外出求学，寻找革命真理，探索救国救民道路，并架起向丰都人民传输马克思主义的桥梁，带领广大革命群众，投身护国、护法战争，留下了"刘伯承血战丰都""贺龙三进丰都"等革命故事。1921年7月1日，中国共产党诞生后，以李彤辅、胡平治为代表的共产党人，在马克思主义指导下，创建发展中共丰都组织。在北伐战争、土地革命、抗日战争、解放战争时期，丰都人民不怕牺牲，敢于战斗，于 1949 年 12 月 3 日赢得了解放。

在这一革命历史过程中，丰都涌现出无数英烈，积淀起丰富而感人的革命文化。全县现有革命遗址遗迹 66 处，其中，保存完整的 10 处，较完整的 56 处。

第一节
黑暗中的抗争

1840 年鸦片战争后，中国逐渐沦为半殖民地半封建社会，千年古国濒临亡国之危。为寻求救国救民和人民翻身解放的革命道路，大批丰都儿女融入中国近代社会变革和民主革命洪流，掀起反帝反封建的革命运动，成为继重庆之后最早结束清王朝统治的县。

一、农民革命斗争

鸦片战争后，丰都人民饱受帝国主义和封建主义的压迫和奴役，过着食不果腹、衣不蔽体、饥寒交迫的生活。

哪里有压迫，哪里就有反抗。

1857 年，丰涪、丰石边境农民响应马景明起义，声势浩大，地主豪绅日夜不宁。不久，虽遭高家镇户部员外郎傅世纶和豪绅苏为祯团练镇压而失败，但从此点燃了丰都人民反抗封建专制的怒火。

1861 年，云南昭通李永和、蓝朝鼎农民起义军入川，经涪陵珍溪，转战丰都永兴、社坛、红庙子、滩山坝、关圣场等地，所到之处，农民揭竿加入。3 月上旬，义军攻占社坛场严家寨，严惩豪绅恶霸，开仓济贫。后因攻打毛头寨、太平寨失利，转移忠县。

1862年初，云南周绍勇农军万余人自垫江攻入丰都县境，占领丰都北岸部分场镇。丰都盐商曾康侯、豪绅王鹤亭等人倡练"万人团"，于箐口、北关等地堵剿。丰垫边界农民避实就虚，配合农军入境打击地主豪绅，后转战忠县。

同年2月中旬，太平天国翼王石达开，率太平军经湖北入川。3月初，太平军分路攻占丰都洋渡、高家镇、包鸾场，所到之处，民众自觉加入。是月，太平军击败高家镇苏为祯团练武装，处决团首傅世纶，屯兵丰都长江以南沿岸。4月中旬，渡江北进未遂，西上涪陵。

1876年，丰都与涪陵、酉阳等10余县群众联合掀起"反洋教"斗争，捣毁洋教堂，驱逐洋教士。

1897年，北京丰都籍新建乡贡生朱芳柏，毅然投身戊戌变法维新运动。戊戌变法失败后，朱专注学业，潜研新学。1908年，返乡新建白庙创办私学，讲授新学，揭露帝国主义列强入侵中国罪行，抨击清王朝腐败无能，割地赔款、丧权辱国等罪行，培养造就朱泽淮、甘雨苏、朱芳淮等大批投身民族解放运动优秀学生。

1898年，丰都民众响应大足余栋臣"反帝爱国起义"号召，与四川30余县民众一起，捣毁法国所设丰都教堂，驱逐传教士。

1901年10月，丰都农民申子高在社坛组建农军起义，打出"打倒豪绅巨商，保护农民利益"旗帜，捉杀豪强，打富济贫，地主豪绅惧而回避。同年冬，申子高带18人去大堡万顺场捉拿地主蔡洪都时被捕，押县城就义，起义失败。

一次次农民革命斗争，虽因缺少坚定正确的政治主张而失败，但其革命行动却打击了封建势力，动摇了封建地主阶级统治，鼓舞了丰都人民反帝反封建斗争士气。

二、推翻清王朝统治

1911 年 10 月 10 日，辛亥革命在武昌爆发，丰都革命党发动民众，掀起推翻清王朝统治的革命斗争运动。11 月 23 日，在重庆同盟会起义成功的鼓舞下，丰都县城"哥老会"首领秦秀峰、秦香浦和士绅卢子泉、县署警务长徐次亨等人，以"同志会"名义，率革命军 100 余人，攻占丰都县署，赶走丰都知县赵维城，宣告丰都独立，结束了清王朝对丰都的统治。

1912 年 1 月，中华民国临时政府成立，丰都县知事署改称"丰都县行政公署"，隶属重庆蜀军政府，郎承诜首任民国丰都知县。2 月，清王朝覆灭，孙中山开启民主共和新纪元。4 月，四川省军政府成立，丰都"同志会""哥老会"及士绅共同组成"革命军临时军政分部"，秦秀峰任军政长，于县城组建"丰胜""协进""后勤""辅勇""运中"五个军事团，各拥团丁百余人，维持社会秩序，保卫新政权。

1913 年 10 月，袁世凯窃取中华民国政府大总统，解散中国国民党和国会，对外卖国求荣，对内独裁统治，辛亥革命失败。丰都新政权沦落北洋军阀之手。

三、讨袁护国血战丰都

1915 年 12 月，袁世凯倒行逆施，复辟封建君主立宪制，建立"中华帝国"，改总统府为新华宫，全国人民随之讨伐。

12 月 25 日，蔡锷等人在云南通电全国，宣布云南独立，反对帝制，武力"讨袁"，护国战争爆发。

是月，刘伯承受孙中山派遣，乘大川轮自上海回川，组建"讨袁护国"武装。

1916年2月初，刘伯承、康云程联络丰都兴义场殷恒山、冉赞元和涪陵明家场张子昭、两汇场王立山、新庙场王贡三、罗家庙场杨光烈等义军，在涪陵新庙建成"四川护国军第一支队"。拥兵2000余人，刘伯承任军事指挥，王维纲（王维刚）任支队长，康云程任联络官。之后，率队游击于涪丰长垫边界，牵制川东地区部分北洋军，配合云南蔡锷护国军川南讨伐北洋军。

● 刘伯承血战丰都群雕

2月下旬，萧德明在四川大竹宣布独立，被部众推为护国军川东总司令，统一川东地区"讨袁"武装为"川东护国军"，刘伯承"四川护国军第一支队"编为"川东护国军第四支队"。

3月初，川南北洋军补给困难，官兵厌战。蔡锷乘机联合川内护国军，发动"叙泸决战"。3月中旬，为截断长江水路通道，阻滞下游北洋军西上增援"叙泸"，刘伯承策动长寿县警备队起义内应，攻打长寿县城。不料，战斗于长寿城桃花街打响约两个小时，却不见警备队起义内应。护国军伤亡惨重，刘伯承当机立断，移兵奇袭丰都县城，截断长江水路通道。

3月15日，刘伯承率部长途奔袭200余里，抵达距丰都县城约30里的马口垭场扎营，随派康云程率20余人小分队，化装商人，潜入县城，侦察敌情、联络革命党内应攻城。

县知事许石生、警备队长杨绍康深知，靠县城100余人警备队不敌。于是，急向县城下游15里地的赤溪北洋军求援。赤溪北洋军因要拔营西上增援叙泸，仅派张辅臣营入城协防。

康云程率队潜入县城，与革命党头领（袍哥大爷）李焅斋取得联系，入住其拐驿门茶馆栈房，并与之议定"里应外合"攻城计划。

3月19日，张辅臣营入城协防，虚张声势，自诩"万人团"。康云程信以为真，错估兵力两个团，深知敌我力量悬殊，护国军难以取胜。但求战心切，担心据实回报，指挥犹豫难决。于是，回报谎称："守敌两营，望速攻之。"

是日黄昏，刘伯承、王维刚率队采取迂回折转战术，经立石镇迂回县城郊区3里地的新城炭厂湾宿营，以逸待劳，凌晨攻城。

是夜，张辅臣亲率主力出城，到新城筑防，企图御护国军于城郊。

不料，向导余建龙系革命党，故意以"支路繁多，黑夜难辨"为由，引导北洋军，经白沙沱绕道而行，至次日拂晓才抵新城狮子坝，匆忙构筑工事。

此时，护国军正整装待发。刘伯承一声令下，护国军在晨雾掩护下，冲过长坝田，以迅雷不及掩耳之势突入敌阵，分隔穿插歼敌。敌人猝不及防，仓促应战，队伍溃散。

护国军兵分两路，乘势追击。一路由刘伯承率领，切断敌人回城退路，直逼县城。一路由王维刚率队，追歼向江边溃逃之敌。张辅臣见大势已去，丢下200多具尸体，带着残部，沿江岸溃逃而去。

晨曦微露，霞光万道。护国军狮子坝大捷，官兵斗志昂扬，攻城之战随之在县城大西门打响。城墙上，守城北洋军看着骁勇善战的护国军，已自混乱。

城内：革命党分组内应，呼口号、贴檄文，制造混乱，袭扰牵制其他城门北洋军；康云程率护国军小分队与李焴斋革命党人组成突击队，直扑大西门，接应攻城护国军。李焴斋一马当先，冒死打开城门，壮烈牺牲……

城外：刘伯承见城门洞开，一马当先，率护国军冲锋在前。临近城门，刘伯承见一士兵遭城墙上敌人射击，飞身扑救。士兵得救，而他却被敌人两枚子弹击中昏倒。一枚子弹飞过颅顶，擦破头皮；一枚子弹自右太阳穴射入，透穿右眼。

众将士群情激愤，冒死突破敌人封锁，一举攻入县城，控制县城西门。其他城门北洋军听说西门失守，纷纷弃城而去。

临近午时，护国军占领县城，并于县公署处决县知事许石生后，攻城落定。

县城民众热烈欢迎。市民扶老携幼，箪食壶浆；商会筹备酒席，热情款待护国军，并赠军费500银圆。

刘伯承负伤后，得殷恒山和其贴身护卫刘伟勋等人及时救援，送管驿门梧桐街"恒春茂"药房抢救。药房郎中郑慎之久仰刘伯承威名，二话不说为其止血包扎救护，脱离生命危险，并留药房内室悉心照护。

下午，长江下游西上北洋军受阻，被迫停泊朗溪。随后调兵发起反扑，企图夺回县城，打通西上水路通道。护国军坚守城门，沉着应战，数次击退敌人……

黄昏，长江下游后续西上北洋军源源抵丰，泊江炮击县城。敌我力量逆转，护国军伤亡惨重，民众惨遭涂炭。刘伯承见阻滞北洋军西上增援目的实现，即令王维刚、康云程率护国军，分路沿前后街，经大小西门撤出县城，转移涪陵鹤游坪休整。

入夜，北洋军占据县城，烧杀抢掠，无恶不作。县城陷入火海，哀鸿遍野，民众四散逃亡，向导余建龙在逃亡中被北洋军杀害。

护国军转移涪陵鹤游坪沙坪场双桂湾休整。刘伯承强忍伤痛，主持"阵亡将士追悼大会"。不久，即因缺医少药，眼伤感染，伤势恶化，无力军务。

是时，杨光烈、张子昭等人因环境恶劣、缺衣少食，看破前程，吵着拉走队伍，另谋出路。队长王维刚面对军心涣散，队伍无法管束，竟也携军费独自逃渝。杨光烈等人趁机拉走队伍。至此，川东护国军第四支队解散。

康云程忠心耿耿，在队伍解散、条件艰苦的情况下，留守悉心照料刘伯承。

三个月后，刘伯承虽伤情好转，但眼伤溃烂，久治难愈。于是，与康云程改名换姓，乔装潜到重庆寻医。在临江门，幸得德籍军医沃克（又称阿医生）援手，切除眼眶腐肉，为其装配德购假眼治愈。

治疗中，刘伯承为保护脑神经，拒绝麻醉，竟用毅力撑过3小时73刀漫长手术，且能记忆割除腐肉刀数。阿医生惊诧赞赏："军神！军神呀！"

第二节
丰都人民的觉醒

1916 年 7 月，护国战争取得胜利后，由于辛亥革命的不彻底性，封建势力复辟，新生资产阶级争权夺利，军阀割据，使中国人民沦为更甚于封建社会凄惨的苦难之中。丰都与全国一样，在两次护法战争（又称护法运动）和军阀混战中饱受摧残。继而，在俄国"十月革命"和北京"五四运动"的助推下，丰都外出求学青年架起向丰都传播马克思主义和无产阶级革命思想的桥梁，动员起广大民众，将无产阶级革命斗争运动推向高潮。

一、丰都在军阀混战中觉醒

1917 年 7 月，继张勋拥清废帝溥仪"复辟"闹剧结束后，军阀段祺瑞控制北洋政府，拒绝恢复中华民国国会和临时约法，孙中山在广州发动护法运动，第一次护法战争爆发，四川陷入军阀混战。军阀你争我夺，丰都数易其手，民不聊生，民众饱受战乱之苦。

据《丰都县志》载，第一次护法战争爆发到 1918 年 5 月护法失败，不到一年，丰都就三易军阀。其中，民国 6 年（1917）秋，黔军驻丰，强令县民种植鸦片，图收烟捐，以利军需。民国 7 年（1918），江防军赵连驻丰，胁迫商人，扣押商船，收费津贴士兵。

1918 年 5 月，受桂系和滇系军阀掣肘，孙中山被迫辞去大元帅职务，第一次护法运动宣告失败，四川匪患四起，军阀混战更炽，丰都民众苦不堪言。据《丰都县志》载，从民国 8 年(1919)到民国 10 年(1921)11 月，三年间，丰都七易军阀、土匪之手。其中，民国 8 年（1919），四川靖国军总司令黄复生夺丰，招抚匪首彭耀武移部驻丰，纵兵劫掠，祸害县人。民国 9 年（1920）4 月，陈兰亭率江防别动队破丰；8 月，陈兰亭提县地方团防枪支 200 多条，倒卖县公仓积谷 1000 多石；县议事会议长李德久向省政府控告，遭陈兰亭报复杀害。

1921 年 11 月，第二次护法战争爆发到 1922 年 8 月宣告失败，丰都虽仍二易军阀之手，但因川军二师四旅旅长费东明、一军独立旅杨春芳，行开明德政，清除匪患，丰都得以短暂安宁。

之后，由于四川南北战争爆发，军阀混战争夺地盘更甚，丰都成为军阀争夺要地。据《丰都县志》记载，从民国 12 年（1923）5 月到民国 21 年（1932），丰都先后被军阀你夺我抢达 20 多次。其中，民国 12 年（1923），军阀强取豪夺，仅田赋一项，就预征到民国 30 年（1941），计预征田赋 18 年、银圆 100 多万。同年，汤子模驻丰，募两团新兵，强迫县民增筹装备等所有费用。6 月初，高家镇匪首冉华轩陷城，捉去县知事胡大庸。之后，每日捉肥（豪绅富裕户）数船，运往高家镇匪区当人质，榨取县人 1500 银圆。6 月 7 日，土匪程疙疮自称义勇军，将冉华轩赶走，独自为政，明夺暗抢，鱼肉百姓，丰都人民苦不堪言。民国 13 年（1924），川军白驹第三混成旅驻丰，不到半年，搜刮民财折银洋 110 多万元，人平负担 1 元多银圆。时有歌谣"兵来洗，匪来篦，收款大员来用剃刀剃"。

军阀混战给丰都人民带来了深重灾难，但人民也因此觉醒，无数有识之士从中顿悟，没有坚定正确的政治方向和理论指导，中国革命将不可能取得胜利。于是，他们转而融入无产阶级革命阵营，去探索实现民族独立、人民解放的有效革命道路。

二、青年在"五四运动"后觉悟

1917 年 11 月，俄国"十月革命"一声炮响，给中国送来了马克思主义。中国人民从中得到启迪，开始结合马克思主义思想，探索适合中国的革命道路。丰都在外就读青年学生，向丰都传回先进思想，丰都青年纷纷加入青年团或共产党，践行无产阶级革命道路。

1919 年 5 月，北京青年掀起五四反帝爱国运动，点燃了中国人民反帝反封建的怒火。丰都县立高等小学师生 200 多人迅速响应，高呼"外争主权，内惩国贼""打倒列强，打倒军阀"等口号上街示威游行，捣毁丰都县城福音堂、天主堂等洋人传教场所，砸烂倾销日货的"丁炳轩"杂货铺和"若林日药"专营店等。在爱国青年学生推动下，丰都民众随之掀起抵制洋货的反帝爱国运动高潮。工人拒运洋货，商人拒卖洋货，青少年学生上街查禁洋货。同时，一批赞成民主科学的丰都籍旅外学生，通过信函或假期返乡宣传，强烈要求当局改革弊政、旧俗，提倡男女平等，破除封建迷信，发展经济，兴办教育。

1920 年，在北京就读的丰都籍青年学生余永藻、代仕煊等人，用书信、电邮等方式，向家乡宣传马克思主义思想。丰都县立高等小学学生李彤辅、秦上恒、陶一揆等人，担负起向师生传播先进思想的重任，唤醒民众，勇敢投身无产阶级革命斗争运动。

在俄国"十月革命"和北京"五四运动"鼓舞下，曾季鲁、朱泽淮、甘雨苏、冉廷栋等大批丰都青年外出求学，接受马克思主义教育，探索改造国家、振兴中华和救国救民的道路。

1921年7月，中国共产党在上海正式成立后，一批丰都青年学生和知识分子，先后在各地加入中国社会主义青年团或中国共产党，并勇敢投身中国共产党领导的无产阶级革命斗争运动。

1923年10月，武昌国立大学丰都籍学生曾季鲁率先加入中国社会主义青年团，宣誓投身革命。次年1月，转入中国共产党，成为丰都籍首个共产党员。同年，就任武昌桥口区委书记，领导桥口工人运动。

同年5月，万县省立第四师范学校丰都籍学生朱泽淮，经萧楚女介绍加入中国社会主义青年团，利用团的外围组织"学行励进会"，积极宣传马列主义和无产阶级革命理论，引导进步师生走无产阶级革命道路，开展学生运动。"二七""五卅"惨案爆发后，他义无反顾，组织师生上街示威游行，声讨军阀和日、英帝国主义屠杀中国人民的罪行。1925年9月，他受党组织派遣到重庆中法大学四川分校，系统接受马克思主义学说和无产阶级革命理论教育。不久，经中共重庆地委批准，转入中国共产党。年末，学习结业奉命返丰，得叔父朱芳柏相助，争得新建乡团正职务，尝试通过改造团丁，探索建立党的革命武装。不久，因常率部阻止官吏、豪绅增派捐税，触动统治阶级利益，被当地官绅告发解职。朱泽淮转而以教书为掩护，坚持在县内隐蔽开展革命活动。

1924年，丰都县立高等小学学生李彤辅在恽代英的引导下，加入中国社会主义青年团，在家庭极端贫困的情况下，订阅《中国青年》《向导》等大量进步刊物，在师生中广泛传阅。1925年，为广泛传播马列主义和无产阶级革命思想，唤起民众觉醒，投身无产阶级革命斗争运动，李彤辅利用担任学校伙食经理的便利条件，联络秦上恒、陶一撰等进步青年学生，先后创办"学行励进会""梓江学社"。6月，上海"五卅"惨案的消息传到丰都，李彤辅得校长林梅荪支持，领导"梓江学社"成员，动员起县城各校师生和民众上街示威游行，抗议帝国主义的暴行，声援上海工人和学生的正义斗争，号召全县人民抵制日、洋货，组建学生纠察队，到商店查禁日、洋货。次年秋，经恽代英介绍，李彤辅转入中国共产党，成为在丰都县内加入共产党的第一人。

同年，重庆高级甲种农业学校丰都籍学生甘雨苏，联络在重庆就读的丰都籍学生冉廷栋、秦上恒、蔡中立等人，创建"改造丰都同志会"，利用假期回丰发展会员，开展反帝反封建宣传，揭露抨击反动军阀、国民党等反动派丧权辱国、镇压革命群众的罪行，唤醒民众，拿起武器，与反动派做坚决斗争。1925年，甘雨苏经冉廷栋介绍加入中国共产主义青年团。不久，转入中国共产党，随后担任学校党支部书记。同年暑假，甘雨苏带着《农民协会章程》回到丰都，与朱泽淮、李彤辅等人一道，到家乡新建乡发动农民200多人，建立起丰都第一个农民协会。

1925年9月，党组织在重庆创办中法大学四川分校，陶一撰、戴若生、周必详、周登（敦）禄、熊灵皋、孙荣华等丰都进步青年毅然投考就读，系统学习马列主义和无产阶级革命理论。年末，学习结业，陶一撰、唐涂丹、杨奇勋、郑许无等人被学校保送到黄埔军校第六期学习深造，朱泽淮、周必详、周登（敦）禄、熊灵皋等人奉命返丰创建党的组织，发展农民协会。从此，革命之火在丰都南北两岸熊熊燃烧！

"五四运动"后，特别是中国共产党成立后，在李彤辅、朱泽淮、甘雨苏等进步青年的推动下，马克思主义和无产阶级革命理论在丰都得以广泛传播，中国共产党的政治主张在丰都有了一定基础，影响着进步青年知识分子，播下了革命的火种。同时，随着党员人数的增加，中共丰都组织也随之诞生。

第三节
党组织的创建发展

1924 年，在国共两党合作共事的大好形势下，马克思主义和无产阶级革命思想在丰都广泛传播，中国共产党的政治主张渐入人心。从而，为丰都统一战线的建立和中共丰都组织的创建发展提供了一定的社会、政治环境。1926 年 3 月，在李彤辅、秦上恒等共产党员的推动下，丰都国共两党统一战线建立。同年夏，中共丰都县支部诞生。之后，尽管蒋介石、汪精卫叛变革命，大肆屠杀共产党人和革命群众，但中共丰都组织仍以顽强的毅力，在国民党的血腥屠杀中得以发展壮大，并领导丰都人民砥砺前行，掀起武装反抗国民党的革命斗争。

一、丰都统一战线建立

1924 年，中国在列强肆虐、军阀混战的形势下，"打倒列强，铲除军阀"成为全国人民的共同愿望。同年 1 月，在五四运动的推动、共产国际的帮助、孙中山"新三民主义"的指导下，国民党推行"联俄、联共、扶助农工"三大政策，实现了国共两党合作共事，齐心协力掀起革命。丰都虽然尚未建立中共组织，但共产党员仍坚定不移地执行党的统战政策，致力丰都统一战线的建立。

1925年，上海"五卅"惨案爆发，丰都平民学社发出快邮代电，声援上海工人、学生的正义斗争。丰都共产党员与国民党左派人士合作，组织共青团员、进步人士和青少年学生集会游行，抗议英国和日本帝国主义屠杀中国人民的暴行。共产党员李彤辅率"梓江学社"会员，发动县城中小学校师生，将"反对帝国主义，抵制日货"运动推向高潮。

同年11月，共产党员秦上恒接重庆吴玉章函嘱，在李彤辅协助下，与国民党党员傅爱吾合作，成功组织召开丰都县国民党代表大会，选举吴玉章、邓懋修为国大代表，使之顺利出席国民党中央第二次代表大会。

1926年，以李彤辅为代表的共产党人，与丰都国民党"左"派人士联合，先后举行"纪念孙中山逝世周年纪念大会""五一国际劳动节纪念大会"，宣传孙中山"新三民主义"和国民党"联俄、联共、扶助农工"三大政策。

同年6月，李彤辅等共产党员又协助林梅荪、周绍濂等国民党"左"派人士，成功建立"中国国民党（左派）丰都县党部"，李彤辅（共产党员）、林梅荪、刘代五、卢汝纯、曾泽光等当选县党部委员。

至此，丰都国共两党合作共事的统一战线建立形成。

7月8日，英国"万轮"号船，在长江丰都立石镇段撞沉川军所乘竹筏，导致川军第六师营长田雨亭及将士共23人溺亡。李彤辅等共产党员与国民党（左派）县党部合作，组织全县人民，联络长江沿岸各县人民集会游行，强烈要求英方赔偿损失，惩办肇事者。

7月9日，北伐战争爆发，以李彤辅为代表的共产党员，与国民党丰都县党部合作，动员民众，上街示威游行，声讨北洋政府罪行，积极筹集北伐捐款，支援国民革命军北伐。

二、中共丰都组织创建

国共两党合作共事的统一战线形成后，丰都革命形势迅猛发展。随着旅外丰都籍共产党员陆续返丰，丰都的共产党员人数随之增多，从而为中共丰都组织的建立做好了思想和人才准备。

1926 年春，中共重庆地委派喻凌翔到涪陵大顺场协助李蔚如农民运动，指导丰都筹建党组织。

同年夏，在喻凌翔指导下，李彤辅召集甘雨苏、朱泽淮和陈宗儒等 9 名党员在家中集会，中共丰都县支部诞生。李彤辅任书记，甘雨苏、陈宗儒任委员。党支部成立后，李彤辅等党员，首先在县立中小合校第一班学生中，发展共青团员，建立起由党支部直接领导的第一个中国共产主义青年团丰都县支部。陈宗儒兼任团支部书记。

中共丰都县支部的诞生，标志着中国共产党撒在丰都这块土地上的无产阶级革命种子开始生根发芽。

9 月 5 日，英帝国主义制造"万县惨案"。中共丰都县支部与国民党丰都县党部合作，发动民众和中小学校师生，上街游行演讲，抗议英帝国主义屠杀中国人民的罪行，揭露北洋政府软弱无能的丑恶嘴脸，号召民众，拿起武器驱逐英帝国主义，推翻北洋军阀统治。

三、党组织在血腥中壮大

在国共合作时期，中共丰都县支部为加强工农联盟，推进北伐战争，反对国民党反动派破坏合作，排挤共产党人，争取无产阶级在民主革命中的领导权和宣传北伐胜利等做了卓有成效的工作，赢得了丰都国民党"左"派和民众的广泛支持。然而，正当北伐战争即将取得胜利之时，蒋介石窃取北伐胜利果实，制造流血事件，大肆屠杀共产党人、国民党"左"派人士和革命群众。丰都笼罩在白色恐怖中，革命陷入低潮。丰都党组织和共产党员没有因此丧失革命信心，而是隐蔽地下，团结一切可以团结的力量，坚持革命斗争。党组织也在血腥革命斗争中，通过总结斗争经验教训，不断发展壮大。

反抗国民党血腥屠杀。1927年3月，四川军阀刘湘在蒋介石的授意下，在重庆通远门打枪坝制造"三三一"惨案，血腥镇压革命，打死共产党员、革命群众137人，伤千余人。重庆女子师范学校丰都籍进步青年学生陈志筠惨遭杀害。

同年4月，蒋介石叛变革命，窃取北伐胜利果实，制造"四一二"反革命政变，屠杀共产党人和革命群众。

4月18日，黄埔军校第6期丰都籍学员、共青团员唐涂丹惨遭国民党杀害。

7月15日，汪精卫发动武汉反革命政变，对共产党员和革命群众实行大逮捕、大屠杀，大革命宣告失败，国共合作彻底破裂。

面对国民党的血腥屠杀，中共丰都县支部及共产党员没有畏惧退缩，而是勇敢地站在斗争前列，坚决与国民党反动派展开殊死搏斗，并以国民党丰都"左"派人士名义，在县城民乐园先后为陈志筠、唐涂丹举行了隆重追悼大会，控诉国民党反动派的反革命罪行，号召民众拿起武器，与国民党反动派做坚决斗争。

党团队伍发展壮大。大革命失败后，丰都革命受到影响。中共丰都组织转入地下，坚持革命斗争，并担负起接收安置外地转移到丰的共产党员、进步人士重任。胡平治、李潜农、郝谦等大批党团员转移丰都，以教师等公开职业掩护，秘密开展革命活动。各地党员和进步青年学生通过上演新剧、街头演讲、张贴标语、示威游行等，宣传孙中山倡导的"驱除鞑虏，恢复中华，建立民国，平均地权"和"联俄、联共、扶助农工"三大政策，激发民众反帝反封建革命热情和斗志。

1927年7月，危石顽受重庆临时党团地委任白戈派遣，到丰都清理党组织。8月，于李彤辅家召开有国民党"左"派人士参加的秘密党代会，宣布扩大县支部为中共丰都县特别支部（简称特支）。危石顽任特支书记，李彤辅、邓介仁、何素凡和郝谦为特支委员。新建成立县城、顺庆、崇德、桥头（现属石柱境）4个支部。李彤辅任县城支部书记，周必详任顺庆乡支部书记，张庚白任崇德乡支部书记，桥头支部书记姓名不详。同时，成立中国共产主义青年团丰都县委，郝谦任团县委书记；改选县立中小合校团支部，傅厚丰接任书记。1928年1月，郝谦身份暴露撤离丰都，何素凡接任团县委书记。

中共丰都特支成立后，将"发展壮大党团组织、发动农民建立农民协会、反抗国民党反动派扼杀革命"作为工作中心。

八一南昌起义后，军事运动也随之提上特支议事日程，并派共产党员周俊秘密打入国民党驻丰陈兰亭部，建立了军队支部（简称军支）。

1927年10月，危石顽遭国民党通缉转移离丰，胡平治接任特支书记。

成立中共丰都县委。1928年初春，中共四川临时省委颁布《四川暴动行动大纲》和《春荒暴动行动大纲》。2月底，丰都特支在顺庆乡与涪陵罗云乡交界地一户周姓农民家，召开党员代表大会，传达省临委指示精神，宣布升级特支为中共丰都县委。胡平治任县委书记，李潜农、陈华卿、邓介仁和周必详任委员。同时，调整所属基层支部为城厢、顺庆、崇德和双龙场等四个，李彤辅任城厢党支部书记、李潜农任崇德乡党支部书记、周必详任顺庆乡党支部书记、易国杞任双龙场党支部书记。

6月，为加强崇德农民武装起义领导，成立中共崇德区委，李潜龙任区委书记，廖子良接任崇德党支部书记。

7月，李潜龙、胡平治暴露转移，廖子良接任区委书记。8月，县委于新城蚕桑所召开党代会，甘雨苏任县委书记、朱挹清任县委副书记，李彤辅、陈华卿和秦上恒任委员。同时，升格双龙场党支部为北区党支部，易国杞任书记；李彤辅因另有任命，陈华卿接任城厢党支部书记。

1928年10月，甘雨苏在崇德起义中牺牲，省委派曾季鲁回丰接任县委书记。

次年3月，朱挹清到崇德慰问烈士家属，清理党组织，恢复崇德区委和磨刀洞、三根树、观音寺党支部。廖子良继任崇德区委书记。

同年7月，曾季鲁调往重庆，朱挹清接任县委书记，升格北区党支部为北区区委，新建双龙场、王家场、县城教师、县城职工和县中等5个支部。易国杞任北区区委书记。

9月，朱挹清调往重庆，杜桴生接任县委书记，增补何素凡、陈伯庚为县委委员；改崇德区委为南区区委，辖观音寺、磨刀洞、三根树和顺庆乡四个支部，廖子良任区委书记。至此，中共丰都县委已扩大到2区9支部，党员70多人。

1930年初，县委书记杜桴生调往宜昌工作，省委派钟世民（善辅）接任丰都县委书记，朱挹清任副书记，陈伯庚为常委，熊达士、陈华卿、陈良、易国杞为委员。

四、党组织涅槃重生

中共丰都县委成立后，党组织不断发展，队伍不断壮大。但是，国民党反动派镇压革命也更加残酷和血腥，中共丰都县委及其基层组织多次遭到破坏。

丰都"五一血案"。"五一血案"又称钟熊事件，是土地革命时期国民党在丰都犯下的又一桩罪行。

钟世民，涪陵罗云人，中国青年团四支部创建者，涪陵罗云"土地会"暴动领导者，曾任团中央成都地方执行委员会候补委员、成都劳工联合会副会长、全国总工会驻川职工运动指导专员、中共川西特委委员。时任丰都县中教师、中共丰都县委书记。

熊达士，丰都县董家人，丰都县中学生，时任学校学生会主席、中共丰都县委委员兼团县委书记。

1930年4月，县委组织发动县城学校师生和马路工人五一示威游行，揭发、阻止国民党驻丰二十师师长陈兰亭借修马路为名，强征民工，大量出售学田、庙产和公仓积谷，从中谋利。

5月1日，因行动暴露，县委取消五一游行活动，只召开五一纪念大会，并紧急转移了有可能暴露的党员。

5月2日，陈兰亭派兵包围县中，并以每十分钟枪杀一人相要挟，强逼师生交出主持大会和发表演讲的钟、熊二人。师生宁死不屈，钟、熊为保护师生，挣脱学生控制，挺身而出被捕，于5月3日在县城商业场口英勇就义，钟世民时年31岁，熊达士年仅21岁。

"五一血案"后，中共丰都县委及其基层党组织因多数党员转移外地，部分党员隐蔽地下而停止活动。

丰都"五一血案"后,崇德区委书记廖子良到上海寻找党组织未果,于 1931 年 4 月返川。途经忠县,与川东特委接上关系,被委中共丰都县委书记,返丰清理恢复县委未果,返忠县组织领导"汝溪暴动"。

1932 年春,"汝溪暴动"失利,返丰隐蔽县城,重启恢复县委工作,仍未实现。

同年 12 月,偶遇丰都南岸五乡团防局长郎瑞丰而被捕。后听从郑许吾、林梅荪等国民党"左"派人士建议,发表脱党声明获释出狱。从此,以无党派人士和乡绅身份,隐蔽敌营,为党工作。

重建组织抗日救亡。廖子良事件后,县委停止活动。但是,隐蔽地下的共产党员仍以学校为阵地,开展抗日救亡。

1937 年底,朱泽淮在南京获释出狱,徒步西安抗战,八路军办事处派其回丰清理恢复党组织。

朱泽淮,丰都新建乡白庙村人,上海大夏大学社会学系毕业,精通中、俄、德、法四国文字,是列宁著《唯物论与经验批判论》中文首译者,与人合译出版《反杜林论》《现代哲学之趋势》等多部作品。曾任上海法南区霞飞路党支部书记,两次被捕入狱,坚不吐实。1939 年,先后调乐山五通桥工运、成都川康特委《时事新刊》编辑。次年 3 月 17 日,采访成都"抢米事件"被捕。3 月 18 日,被国民党冠以"暴乱"的莫须有罪名,枪杀于成都西门,时年 37 岁。

1938 年 2 月,朱泽淮回丰清理组织无果,应聘私立平都中学教务主任,独立开展抗日救亡活动。

同年 5 月,朱抇清返丰清理组织,与曾季鲁、朱泽淮取得联系,于 8 月恢复成立中共丰都临时县委,任书记,朱泽淮、曾季鲁、陶一琴等任委员。

1938年9月，朱挹清调离丰都，朱泽淮接任临时县委书记。

是月，国共两党第二次合作，朱泽淮抓住机遇，发展组织，将抗日救亡运动推向高潮。

10月，先后建立县中、适存女中支部和平都中学党小组。

12月，川东特委许立群到丰传达特委指示，撤销丰石两县县委，合并成立丰石中心县委。朱泽淮任书记，曾季鲁任副书记，陶一琴、谭蓬盛、傅杰（女）、廖宏炳（斗寅）任县委委员、周曰庠任县委秘书。年底，拥有党员50名。其中，适存女中35名。

1939年，国民党颁布《限制异党活动办法》，施行"溶共、防共、限共"反共政策，掀起第一次反共高潮。国民党丰都清共委员会大肆袭击、暗杀共产党员。

同年2月，中心县委紧急应对，将部分身份暴露共产党员送延安抗战，部分转移外地。是月，朱泽淮身份暴露，调往乐山五通桥工作，曾季鲁接任中心县委书记。

5月初，廖宏炳赴延安抗战，余渊接任县委委员、青年部长。年底，多数党员撤离丰都，党员人数锐减，川东特委撤销丰石中心县委，成立丰石党支部，曾季鲁任党支部书记。不久，因不便开展工作，两县分设党支部。

1940年2月，杨正南、余华（女）到丰都清理组织，恢复重建中共丰都县委。杨正南任县委书记，曾季鲁、余华为委员。

4月，成立中共涪长丰石忠五县工作委员会，丰都县委改隶五县工委。

8月，杨正南身份暴露离丰，曾季鲁接任县委书记，增补涂白宇、谭平生为委员。

同年，金惠若（女）建立高家镇交通联络站，与党员秦光秀、秦仕游建立高家镇党支部，金惠若任书记。

12月，谭紫光受派恢复重建观音寺小学党支部，任书记。

1941年1月，国民党掀起第二次反共高潮。在白色恐怖的严峻形势下，县委仍于2月新建惠平小学党支部，余华兼任党支部书记。

5月，县委贯彻执行中央"隐蔽精干，埋藏组织，储备力量，待机而动"方针。曾季鲁退出县委，掩蔽惠平小学，与谭平生保持单线联系，余华接任县委书记，谭平生和何伟一任委员。从此，丰都党组织再次转入地下，掩蔽抗日救亡。

傅君哲事件。傅君哲，北京人，生于1916年，清末郡王府格格。1931年，入燕京大学就读。1935年，北京一二·九运动后，转移延安抗大学习，加入党组织。1938年抗大毕业，调湖北省松滋江南抗大分校工作。1940年夏，日军侵占湖北，随丈夫张国栋转移丰都适存女中隐蔽革命活动。1941年，丈夫被捕，于湖北恩施英勇就义。

1942年1月，丰都适存女中党员教师傅君哲被捕后，丰都县委书记余华、县委委员谭平生及丰都、涪陵、彭水、石柱、长寿等地，共32名共产党员和进步青年相继被国民党涪陵稽查所抓捕关押。在审讯中，所长胥蜀鸣觊觎傅君哲年轻漂亮，且系美国驻华大使司徒雷登秘书傅泾波的胞妹，顿生邪念，强逼求婚，并将其强奸。

傅君哲身心俱疲，面对32个鲜活的生命，索性以"释放32名被捕同志，烧毁审讯资料，枪杀抓捕特务"为条件，违心从嫁。

傅君哲事件后，县委停止活动。但未暴露共产党员，仍继续坚持地下斗争，团结民众，抗日救亡。

五、重建县委迎接解放

抗战胜利后，中共中央南方局、中共川东临委贯彻执行中央"防止蒋介石及其国民党反动派发动内战"的指示，先后在丰都县及丰涪、丰石边区新建或恢复重建党组织，发动人民开展反内战运动。1946年6月，解放战争爆发后，丰都党组织转向武装牵制国民党，支援人民解放军，消灭国民党反动派，解放全中国的人民战争。从此，丰都革命重新焕发生机活力，并配合人民解放军赢得丰都顺利解放，继而建立了人民当家作主的人民民主新政权。

1944年8月，中共南方局五一工作组进驻川鄂边区，设机关于石柱江池小学，重建川鄂边区党组织、筹建川鄂边区游击队、创建革命根据地，备战有可能爆发的解放战争。

1946年春，吴秋帆、董啸眉等一批外地党员转移丰都，与隐蔽福人中学的曾季鲁（校长）接上关系，先后建立福人中学、平都中学、适存女中和惠平小学等党的秘密活动据点，备战有可能爆发的解放战争，并掀起"反饥饿、反内战、反迫害"运动。

1946年8月，解放战争全面爆发。川东临委加快丰都党组织的恢复重建，以实现建立人民武装，牵制国民党，配合人民解放军解放全中国的革命目标。

1947年9月，吴秋帆奉命恢复重建中共丰都县临时工作委员会，并担任临时工委书记。

同年10月，涪丰特支书记刘渝明受川东临委派遣，到丰都清理党组织，协助吴秋帆培养董啸眉、石大椿、石智惠、余烈等一批师生加入党组织，福人中学党小组恢复。同时，联络抗战时期与党组织失去联系的共产党员，为重建中共丰都县委打下基础。

12月，中共石柱特支成立丰都蒲家（蒲家场）、丰石边区（五龙乡）、石柱西沱、石利万边区、石柱南路等五个区委。

1948年1月，杜文泽受重庆市中区区委书记李楚康派遣，返家乡涪陵龙驹先后建立龙驹、干龙党支部，杜文泽、杨仲卿分任支部书记。之后，以毡帽石初中补习班教师为掩护，建立集社组织、农民协会，民众反蒋同盟，与国民党反动派展开斗争。

同年2月，中共川东南岸工委在万县成立，设机关于丰都蒲家乡太平寨，下辖蒲家、丰石边区、石柱西沱、石利万边区、石柱南路五个区委和中共云阳特别支部、中共石柱特别支部。同时，以五个区的原"三抗"小组为基础，建立川鄂边区游击队。下辖丰石边区、石利万忠、石南三个游击大队和蒲家、长顺2个独立游击中队，拥有750多人枪。

同年4月初，中共重庆市委书记刘国定被捕叛变，吴秋帆为防行踪暴露撤离，杜文泽接任临时工委书记。

8月，刘渝明到湛普毡帽石宣布，升格临时工委为中共丰都县委。杜文泽任书记，刘家树为委员，程无垠、胡子湘为候补委员，机关设毡帽石，直隶龙驹、干龙党支部。钟方仪、代家琼分别担任支部书记。

9月，重庆北碚特支集体转移丰都隐蔽。半年后，经代保玺与刘渝明、杜文泽接通关系，转隶丰都县委。

1949年2月，中共丰都县委增设丰涪边区区委成立。刘辉吾任书记，程无垠、姚和生任委员。辖平安、石盘沱和罗云麒麟、苦竹沟、邓家坪五个支部。杨盛安任平安支部书记，陈学敏任石盘沱支部书记，张用舒任罗云麒麟支部书记，刘辉吾任苦竹沟支部书记，安祥太任邓家坪支部书记。

6 月，县委增设县城区委，赵天青任书记，下辖第一、二两个支部，石大椿、代保玺分任支部书记。至此，中共丰都县委及其党组织恢复，党员队伍不断壮大。年底，拥有党员 376 人，干部 107 人。其中，丰石边区、蒲家区委为川鄂边游击队核心组成部分，拥有党员 277 人，干部 76 人。

10 月，川东特委派李治平到丰都立石镇召开丰石两县党代会，传达中央及川东特委"保存实力、迎接解放和配合接管"的指示精神。同时，成立中共丰石中心县委，刘渝明任书记，杜文泽、秦禄廷为委员。

中心县委成立后，随即将中共川东南岸工委所属丰石边区及其游击队划出，成立直隶中共丰都南岸特区委员会。

至此，丰都党组织全面恢复建立，并不断发展壮大。到 1949 年 12 月丰都解放，除比邻县所辖区域党员划出外，全县拥有党委 3 个、支部 19 个、党员 166 人。与建党之初的 1926 年比，党员人数增加约 18.5 倍。

武装反抗国民党

1927 年，"四一二"反革命政变后，丰都革命陷入低潮。同年 10 月，中共丰都特别支部贯彻中共中央八七会议精神，建立革命武装，掀起土地革命斗争运动。1928 年 2 月，中共丰都县委成立后，先后组织发动顺庆、崇德、土地坡等农民武装起义。1930 年 4 月，四川红军第二路游击队进军丰都，成功创建以栗子寨为中心的革命根据地，建立苏维埃政府 13 个。但是，由于国民党的疯狂反扑，丰都革命一度陷入低谷。

一、贯彻八七会议精神

1927 年 4 月，蒋介石窃取北伐胜利果实，在上海发动"四一二"反革命政变，大肆屠杀共产党员、国民党"左派"及革命群众，国共两党合作破裂，第一次国内革命战争失败，全国笼罩在白色恐怖之中。

同年 8 月，在关系党和革命事业前途和命运的关键时刻，中共中央政治局在汉口召开紧急会议，总结大革命失败的经验教训，纠正陈独秀的"右"倾机会主义错误，确立了土地革命和武装反抗国民党的方针。

10月下旬，四川省临委秘书长刘愿庵到丰都，于县城邓介仁家召开中共丰都特别支部会议，传达贯彻中央八七会议精神和省临委关于坚决执行中央"没收地主阶级的土地分给农民，领导农民开展抗税、抗捐、抗租、抗粮斗争，建立武装，组织暴动，夺取政权"的决定；总结特支在过去工作中，"偏重机关和上层人士的教育利用，忽视组织发动农村最基层劳苦大众"等不足，作出"坚决贯彻执行党的八七会议方针，高举武装斗争旗帜，深入农村，广泛宣传党的土地革命政策，组建农民协会和农民武装，不失时机举行武装起义，反抗国民党反动派的统治"的决定。

特支会议使全体共产党员认清了形势，明确了斗争方向。会后，胡平治、郝谦、李潜农等党员，深入顺庆、崇德等乡村开展农民运动，广泛发动群众，组建农民协会，创建农民武装。

二、顺庆乡"土地会"暴动

顺庆乡（现包鸾镇）位于丰都长江南岸，背靠武陵山，比邻涪陵罗云乡，地处偏僻，地域辽阔。1927年8月，建立顺庆党支部，周必详首任书记。

特支会议后，顺庆乡党支部率先行动。年底，组织党员，利用场镇赶集日演讲宣传，发动农民抵制当局加征"团练捐"，遭民团镇压，抓走演讲人员，打伤集会民众10多人。

1928年2月，中共丰都县委成立，贯彻落实《四川暴动行动大纲》《春荒暴动行动大纲》和省委"于最近二、三月春荒期内，务必尽量加紧各种斗争，爆发游击式的战斗，暴动不论大小，不择时期，不计胜败的群众武装暴动"指示精神；作出"加快乡村农民协会发展，组建农民武装，开展武装暴动"的决定。据此，顺庆、崇德党组织随之加快农民协会组建进程。

5月，顺庆支部借土地庙会习俗，率先在铜矿山、亭子垭、新田和湛普八角等地，建立起以周纯古、张保生、邓国云、胡正田和傅正田等人领导，会员400多人的"土地会"（即农民协会），并控制张绍臣、谭在国等民团武装枪支30余支。

6月16日，顺庆支部率先组织发动"土地会"暴动。但是，由于顺庆乡团正谭凯林早有防备，顺庆"土地会"暴动失败。亭子垭"土地会"负责人张保生、邓国云等人，因叛徒出卖被捕。月底，于涪陵土地坡英勇就义。

三、崇德农民武装起义

崇德乡位于丰都南岸山区，周邻石柱、彭水、武隆等县，地处偏僻，高山密林，山势险峻，人居分散，极利掩蔽革命活动。军阀统治时期，反动政府横征暴敛，残酷压榨，加上连年旱灾，许多农民倾家荡产，土豪劣绅乘机兼并土地，搜刮财物。据《丰都县志》载，仅南岸五乡团防局长郎瑞丰就霸占田地1700多亩。

早在1926年，共产党员、观庆庵小学校长廖子良就于崇德发展党员，创建党组织。先后培养了廖声高、李文彬、张成燕、秦笃恒、秦惠丰等党团员，并利用学生家访，深入乡村，组建农民协会，掀起轰轰烈烈的抗捐、抗税和开仓济贫等革命斗争。

1927年8月，中共崇德支部成立，张庚伯首任支部书记。

1928年2月，中共丰都县委成立后，崇德支部坚决执行县委"积极发展壮大党组织，广泛动员农民，组建农民协会，建立农民武装，开展武装暴动"的指示精神。到6月,扩大党员队伍30余人,新建观音寺、磨刀洞和三根树等党支部3个,发展农协会员5000余人。

顺庆乡"土地会"暴动失败后,县委将农运工作重点转移到群众基础好、革命形势发展迅猛的崇德乡,组织发动崇德农民秋收起义。

为了加强崇德农民起义的领导,县委书记胡平治、县委委员李潜农等人转移崇德工作。同时,成立中共崇德区委,李潜农任区委书记。

同年7月,胡平治、李潜农身份暴露撤离,甘雨苏、廖子良分别接任县委书记和崇德区委书记后,区委坚决执行党的统战方针,"大刀会""八德会""神兵"等农民武装接受党的主张,志愿参加崇德农民起义。

到1928年秋,农民协会普遍建立,会员达万余人,且建有3000多人的崇德农民起义军(简称"崇德农军")。同时,通过派党员打入民团,控制武装,掌握长短枪250多支,自制刀、矛等兵器500多件。

9月,石柱县"神兵"攻打县城的消息传到崇德,农军群情激昂,纷纷请战。县委在听取崇德区委关于"崇德起义准备情况"的汇报后,研究制定了"起义计划",并决定:"县委书记甘雨苏兼任农军党代表,到崇德领导起义;陈光鑫任农军总司令,负责作战指挥;县委副书记朱芳淮留守县城,负责起义军的后勤补给。"

会后,县委派人到重庆向省临委汇报工作;县委书记甘雨苏前往崇德传达县委决定,将崇德农军编列为5个大队、10个中队、1个敢死大队、1个赤卫队,江采龙、向少怀、刘朝佐、谭正位、秦家都、秦笃恒分别担任大队长和敢死队、赤卫队队长。不久,省委派来袁、赖两名军事指挥(黄埔军校毕业生)。

中秋节临近,磨刀洞农协副主席秦家都不慎丢失农协会员名册,并被团防局长郎瑞丰获得。为了防止反动政府提前派兵镇压，甘雨苏断然决定，将起义时间提前两天。

9月26日，崇德农军集结磨刀洞（今武平镇）宣誓起义后，向观音寺进发。次日，抵达高桥沟，包围团防头目冉竹堂庄园，捉杀冉子贞（冉竹堂之父）等恶霸地主7人，没收其财产分给贫苦农民，烧毁其地契、房屋。

9月28日，农军渡过龙河，抵达五龙场，与李文彬、李干之和谭正位率领的农军会合。

农军首战告捷，消息不胫而走，各地群众自发拿起刀矛前来参战。9月29日，湖北利川李宽文率"神兵"300多人赶到五龙场，与起义军会合。农军队员剧增，声威大震。

10月1日，农军挺进大月坝，攻打南岸五乡团防局长郎瑞丰庄园。因郎提早防备，躲入高洞岩溶洞，负隅顽抗。农军久攻不下，转而进军刀利坪。

10月2日，农军抵达刀利坪，参战人员骤增逾万人。为精干队伍，减少伤亡，对队伍进行精减整编，遣散了老弱妇孺和无武器人员。之后，向栗子寨进发，占据有利地形，抵御官府"围剿"。

栗子寨三面临水，背靠高山，四周悬崖，周筑寨门48道，故有"一夫当关，万夫莫开"之险要。

10月4日，寨上民团闻风出逃，农军乘机上寨，设司令部于八圣庙，严守寨门，备战御敌。次日，西寨杜光发、毛坪向珍五、三抚汪长青、彭水曾宪国等人率"神兵"上寨参战，农军又骤增到6000多人。

10月7日，丰都知县杨昭、执法队长杨明率一团兵力，会同团防局长郎瑞丰团防，在石板水筏子塘搭架浮桥，强渡龙河，攻破蓼叶坝寨门，烧杀抢掠上寨。

10月8日凌晨，敌人向农军司令部驻地八圣庙发起进攻。农军沉着应战，与敌苦战三天两夜获胜。敌人死伤近400人，被迫撤退待援。知县杨昭弃轿逃回县城，电请军阀杨森增援。农军大队长江彩龙战至气竭力枯，壮烈牺牲，年仅26岁。

10月11日，农军弹药不济，被迫转移。总司令陈光鑫率主力，经手爬岩寨门，顺利转移河面铺。甘雨苏却因断后阻击敌人到深夜，在走金龙寨，过暨龙河，向河面铺转移途中，与队伍失去联系后，路径不熟，误入敌营，壮烈牺牲，年仅23岁。

10月12日，杨森部龙焕章旅抵达长坡岭（今龙河镇属地）堵剿农军。农军腹背受敌，农军大队长谭正位奉命率部阻击，掩护农军主力经范家碥，向皮家场转移。李文彬奉命到县城向县委报告农军处境，并送走省委派来的两名军事指挥。

10月13日，谭正位率队与龙焕章旅两营官兵接火，且战且退，至皮家场与陈光鑫所率主力会合，抢占泡桐河寨，据险御敌。当夜，龙旅偷袭破寨，农军被迫解散隐蔽。龙旅扑空，烧杀抢掠，至观音寺驻剿，大肆屠杀农军队员和无辜群众。

11月13日，农军大队长刘朝佐集结河面铺、坝周坝、旋石沟等地隐蔽农军队员，会同石柱罗光泽、谭荣升和郎玉孝等"神兵"武装1500余人，分路伏击凉风垭郎瑞丰民团、三磊子龙旅罗团一营和跌马坎龙旅罗团彭营，歼敌200余人，击毙彭营长。秦家都、谭保廷等20多名农军队员壮烈牺牲。

11月20日，总司令陈光鑫带唐华卿等三人去彭水联络力量。行至暨龙半浸山，与石向鼎团防遭遇，战至弹尽粮绝、气枯力竭被捕，唐华卿三人壮烈牺牲。

12月1日，农军大队长向少怀，不忍龙旅屠杀无辜民众，挺身而出，于观音寺河边英勇就义，年仅21岁。当地民众为纪念英烈，于1929年5月为其修墓立碑"服桑梓义务，为民众牺牲；君干革命事，可恨未成功；廿余归泉下，今堪惜音容；君是何年死？今日已成坟；题句送君别，声名万古扬"。

12月26日，农军大队长刘朝佐被都督李永焕团防抓捕。面对敌人烈火烧烤、开膛破肚、挖心掏肝等酷刑，大义凛然，慷慨就义，年仅29岁。

12月底，陈光鑫不为杨森高官厚禄、金钱美女利诱，坚决不降，于万县城江边英勇就义，年仅24岁。

至此，崇德农民武装起义宣告失败。但是，幸存农军队员没有灰心丧气，而是各自为营，勇敢战斗。

1930年夏，四川红军第二路游击队转战丰都南岸山区后，幸存农军队员加入其中，继续战斗。

四、四川红军第二路游击队

1929年，四川省委作出"开展军事运动，策反全省国民党驻军，组建一、二、三、四路红军游击队"的决定。

涪陵兵变。1930年春，四川省委委员、省军委书记李鸣珂，奉命到涪陵传达省委指示，组建包括涪陵、丰都、彭水、南川在内的中共涪陵特别行动委员会（简称涪陵特委），趁国民党郭汝栋二十军出川鄂西"剿共"，士兵不愿出川、军心涣散之机，策反国民党士兵，创建四川红军第二路游击队（简称四川二路红军或红军）。

3月19日，在历经两次策反彭水国民党二十二军向时俊师一团和驻涪陵白涛郭汝栋二十军廖海涛一团一、三营起义失败后，改变"以连为单位，独立机动起义"策略，郭汝栋廖海涛师一团一营十一连连长、共产党员赵启民率二排51名士兵成功起义，连夜赶到罗云坝，与尹觐阳农民赤卫队会师，组建拥有400余人枪的四川第二路红军游击队和四川第二路红军游击赤卫队（简称红军赤卫队）。

仙女山反"围剿"。4月7日，四川二路红军躲过廖海涛师追剿，转移丰都顺庆乡铜矿山鸡石尖崖下大庙空坝宣誓正式成立，建立中共四川第二路红军游击队前委（简称二前委）。苟梁歌任前委书记，李鸣珂任总指挥，赵启民任前敌指挥，周晓冬任政治部主任，尹觐阳任红军赤卫队总司令，李焕堂、刘伏洋任赤卫队副司令，陈静为前委常委。之后，按照省委指示，转移丰都南岸山区，建立以栗子寨为中心的革命根据地，开展土地革命斗争。总指挥李鸣珂返渝汇报工作。

当日，四川二路红军躲过廖海涛师追击，转移到武隆双河口，于梅子坳收编丰都厢坝秦兴隆"神兵"，编列为四川第二路红军游击赤卫队第二大队。秦兴隆任红军赤卫队副司令，左传和任第二赤卫大队队长，左施安任大队部文书。

之后，设指挥部于沱田，主力开赴武隆仙女山，抵御涪陵山防司令彭沧若部和二十区杨畅时、二十一区刘礼章团防"围剿"。秦兴隆率左传和赤卫大队留守沱田，打土豪、分田地。

4月18日，李鸣珂在渝完成清除叛徒易国先任务，为掩护战友撤离被捕后，慷慨就义，年仅31岁。

四川二路红军得知，全体指战员化悲痛为力量，主动出击，频频击退敌人。

4月底,四川二路红军仙女山反"围剿"获胜,转移丰都厢坝场休整。

厢坝会议。5月3日,四川二路红军在厢坝桓侯宫召开军事会议,总结经验,分析形势,确立进军目标和方向;作出"收编汪长青'神兵'等农民武装,扩大红军队伍;进军丰都东南山区,建立以栗子寨为中心的革命根据地;发动根据地农民,建立苏维埃政府,开展以打土豪、分田地的土地革命运动"决定。

中共丰都县委随即根据涪陵特委指示,担负起为红军后勤补给和筹建红军医院的重任。

5月7日,红军帮助汪长青击溃张范成匪队后,与汪长青于黄沙坝赵家坪达成收编其"神兵"协议,并于5月8日在三虎头花家院子举行了收编仪式。汪长青"神兵"编为红军赤卫队第三大队,汪长青任红军赤卫队副司令兼第三赤卫大队队长,秦华轩任副大队长兼文书。

5月12日,红军向栗子寨进军。当夜,在贫苦农民黄九江向导下,采取"声东击西"战术,于杯盘垭口破寨。之后,击退彭信斋、雷澍柏、彭尊山、刘五祥和彭宗俊等团防武装,占领栗子寨。次日,雷澍柏、彭尊山、刘五祥等民团向红军驻地发起反扑,红军于耗子石采取"分隔包围"战术,将其一举击溃,红军战士李占成在追歼敌人中壮烈牺牲。

之后,红军设指挥部于八圣庙,发动农民,掀起打土豪、分田地的土地革命斗争运动。不久,隐蔽各地的幸存崇德农军队员纷纷结队上寨,加入红军,红军队伍扩大到2000多人。

五、土地坡农民武装起义

1932年,田鹤鸣、秦培吾和黄尔宜受上海党组织派遣,回川组建武装,武装反抗国民党。年底,于垫江裴兴场组织丰、涪、垫边区农民武装起义失败，遭国民党通缉，分散掩蔽，以图再起。

1934年2月22日，田鹤鸣召集戴北星、秦石琴和秦培吾等人，于秦石琴家中秘密集会，传达贯彻省委巡视员张德荣的指示精神，议定"以王伯瑜的土地坡民团和秦石琴掌控的弹子台民团武装为主，发动土地坡农民武装起义，田鹤鸣任起义指挥"。之后，转移涪丰武三县交界地区，成立武陵山区游击队，创建革命根据地。

2月27日，起义队员连夜集结土地坡王伯瑜家隐蔽。

2月28日晚，王伯瑜灌醉值班团丁，秦石琴率队收缴土地坡团防队武器。同时，戴北星率土地坡起义团丁，冲入乡长大院，击毙恶霸郑亚南和副乡长何庆余。之后，起义队伍连夜经干龙坝、铜矿山，转移到涪丰武三县交界地。

3月2日，队伍抵达弹子台陈家沟宿营。次日，转至武隆县大木峡石院子休整，正式宣誓成立武陵山区游击队。拥有队员40多人，田鹤鸣任军事指挥，秦石琴任队长，戴北星任党代表。之后，于竹子沙子坪没收地主刘汉普财产，转移箐梁子一带游击。

3月4日，丰都县长李传麟、督练长张舞青率县保安团赶到弹子台，会同涪陵县保安团展开"围剿"。游击队昼伏夜出，抵御敌人，接连获胜。至月底，因敌众我寡，弹药不济，游击队被迫解散，宣告失败。

六、鄂川边游击总队

1934年1月，贺龙率领红三军转战到石柱，获悉丰都县金铃坝有一支思想进步、拥兵200多人枪的"神兵"，即派红三军二十一团书记长傅忠海前去收编改造。经过一个多月说服动员，终使朱星武及"神兵"接受了红军主张，同意加入红军，并于同年3月正式改编为川鄂边红军游击队。编列 2 个中队，傅忠海任政委，朱清武任队长。

川鄂边红军游击队成立后，广泛活跃在丰都、石柱、忠县和利川等边界地区，打土豪，分田地，创建革命根据地。农民深深感受到，红军是为农民打天下、谋利益的队伍，于是纷纷送子参军。因此，队伍很快扩大到 7 个大队 1000 多人。

1934 年 5 月，川鄂边红军游击队与利川游击队的政治素质已然成熟，贺龙将两支队伍合编为中国工农红军鄂川边游击总队。朱星武任总队长，傅忠海任总队政委。

1935 年 11 月 19 日，中国工农红军鄂川边游击总队随贺龙红三军参加举世闻名的二万五千里长征。

第五节
万众一心御日寇

1937 年抗日战争全面爆发，全国人民结成抗日民族统一战线，一致抗日。中共丰都组织，通过建立抗日后援会，联合各党派、各人民团体，组织发动广大民众，坚持抗日救亡；号召青年学生走在抗日前列，挑选优秀党员、进步青年学生奔赴延安抗战，发动青壮年奔赴抗日前线。1937 年到 1945 年抗日战争胜利，无数丰都儿女汇入民族团结抗战洪流，筹措抗日公债，防御空袭，安置难民，优待军人，团结一致，共纾国难，为抗战胜利作出了不可磨灭的贡献。据战后不完全统计，全县出征抗日官兵 3.45 万人，血洒抗日战场，为国捐躯者 1627 人。

一、广泛开展抗日救亡活动

1931 年，九一八事变后，中共丰都组织尚未恢复，隐蔽各地的共产党员各自为政，坚持抗日救亡宣传，唤醒民众，抗日救亡。

1937 年，抗日战争全面爆发后，中共四川省委及时恢复了中共丰都县委，加强了党对抗日救亡运动的领导，建立了抗日统一战线。

1938 年暑假前夕，丰都临时县委以丰都县抗敌后援分会学生支会的名义，倡导建立丰都县城厢学生假期救亡团、丰都县高家镇救亡同学会、丰都县忠义镇旅城同学会等 25 个抗日救亡同学同乡会，聚集进步师生 800 多人，徒步分赴各乡镇开展抗日救亡宣传。通过演讲演出，教唱抗日歌曲，办讲习班、补习班、识字班，办墙报、贴漫画和刷标语等方式，向群众宣传抗日救国，讲述抗日图存的道理，揭露日寇屠杀中国人民的罪行，讴歌共产党领导的八路军和新四军英勇抗日事迹。号召全县人民有钱出钱，有力出力，巩固和扩大抗日民族统一战线，坚持抗战，夺取胜利。从而，激发起广大民众的爱国热情。

城厢学生假期救亡团坚持慰问壮丁，与国民党政府严正交涉，抗议国民党军警毒打壮丁，不给饭吃的法西斯行径；深入名山东岳殿国民党一二〇师后方医院慰问伤兵，教唱抗战歌曲，代写家信，捐赠钱物，鼓励伤员伤愈返队英勇杀敌。

1938 年 7 月，丰都临时县委以抗敌后援会名义，联合各校召开抗日周年纪念大会，声讨日本帝国主义的侵华罪行，开展"七七献金"活动，组织师生上街募集捐款，支援前线，抗击日寇；上街摆设桌凳和纸笔，发动群众给抗日将士写慰问信，鼓励他们英勇杀敌。

全县各中小学抗日救国宣传活动开展起来后，丰都临时县委随即部署各地党组织和党员，联合进步教师，对少年儿童进行爱国主义和抗日救亡教育。县委委员傅杰和党员秦光秀、秦仕游、谭紫光、朱石林、秦禄廷等遵照县委指示，先后在各地小学校建立晨呼队、歌咏队、演出队，利用星期天和赶集日上街唱抗日歌曲、演出抗日话剧，进行抗日宣传。

二、建立坚守抗日宣传阵地

1938 年秋，中共丰都中心县委决定，由县委书记朱泽淮组织适存女中学生李正英（李琛）、樊永惠、任在一等人，筹备创办《丰都妇女》杂志。9 月,《丰都妇女》创刊由重庆《新华日报》社印刷发行。《丰都妇女》的出版发行，使长期被禁锢的丰都妇女，摆脱封建枷锁的束缚，走出家庭，融入社会，加入抗日救国的行列，助推了丰都抗日救亡运动的开展。适存女中学生更是无一例外地走出校门，进行抗日救亡宣传。

同年 11 月，为使全县人民认清全国抗战形势，鼓舞斗志，增强抗战必胜的信心，丰都临时县委在县城小西门设立重庆各报丰都代办处，代办发行《新华日报》，秘密发行《解放》《群众》《政治常识》《哲学选辑》等进步书刊。

1939 年初，县委副书记曾季鲁、委员傅杰和党员樊汝琴、周朴郎等人根据组织决定，共同出资，在县城小西门开设文化书店，以销售大众书籍为掩护，秘密发行马列著作等进步书籍。

同年夏，县立中学党支部书记余渊根据县委指示，组织丰都县立中学和平都中学进步学生建立丰都疾呼剧团，自编自演新剧，进行抗日宣传。丰都疾呼剧团成立后，多次为欢送川军出川抗日进行演出，先后与来丰都演出的湖北青年演剧队、虎标永安堂宣传队和郭沫若领导的"孩子剧团"同台联合演出，深受民众赞扬。丰都疾呼剧团在川内极负盛名,《四川省委机关》报和《戏剧春秋》杂志经常刊载其剧照。

1939 年 1 月，县委委员傅杰根据县委决定，筹建丰都妇女战时服务团，特邀国民党党员陈应芝任团长，傅杰和伤兵医院协理员谢友伦

（女）任副团长，适存女中学生和其他中小学女教师代表为成员。丰都妇女战时服务团成立后，经常组织妇女办墙报、慰问伤兵、壮丁和抗战有功人员；开展义演、义卖和募集抗日经费法币 1000 余元寄至前线；发动群众写慰问信，慰问抗日将士，增强抗日决心。丰都妇女战时服务团是国共两党第二次合作的结晶，是中国共产党提高妇女地位，发挥妇女作用，激励其参与社会活动的具体体现，是丰都妇女摆脱封建传统礼教思想束缚，打开家庭牢笼，走向社会的里程碑。

由于国民党丰都县政府顽固推行蒋介石"溶共、防共、限共"和"攘外必先安内"等消极抗日，积极反共方针，推行所谓政教合一"新县制"，派出特务控制思想较为活跃和社会进步力量较为集中的各级学校。在"新县制"的统治下，人民群众的言论和行动普遍受到监视，抗日群众团体被无理取缔，中共丰都组织领导的抗日救亡运动遭到压制和破坏。

1938 年暑期，共产党员教师朱芳淮（朱挹清）率适存女中七班学生上街开展抗日救亡宣传活动，被当局视为"有伤风化""违反校规"横加指责，迫使校方解除朱芳淮适存女中教师职务，对参加活动学生作出"记大过一次和禁假一周"的处理决定。学生黎邦琼等人不服，发动师生向学校请愿，要求校方撤销所作决定，恢复朱芳淮的教师职务。校方反而作出"开除黎邦琼等带头请愿学生"的决定，同时发出"禁止学生组织集体活动"禁令，杀一儆百，阻止女中学生的爱国革命行动。女中学生不予理睬，仍坚持参加朱泽淮创办的读书会学习，上街开展抗日宣传活动，利用周日聚集河边或山间林荫，聆听朱泽淮等人的革命教育。

12 月 9 日，县中学生发出纪念"一二·九"运动三周年，放假一天，上街游行宣传，遭校方阻止。共产党员王宇辉不畏强暴，聚集学生在校内举行"一二·九"运动纪念大会。进步教师董维藩应邀参会，登台宣讲"一二·九"运动，谴责国民党血腥镇压学生革命行动的罪行。全校师生倍受感动，群情激昂，高声唱着《五月的鲜花开遍了原野》等抗战歌曲，不顾校方阻拦，会同各校学生，上街演讲，张贴标语，与反动当局展开针锋相对的斗争。

1939年，国民党掀起第一次反共高潮，面对白色恐怖，中共丰都党组织转入地下，继续领导共产党员、进步知识青年和革命群众开展抗日救亡活动。

三、进步青年奔赴延安抗战

1937年11月至12月，四川和重庆两地丰都籍青年学生熊灵兰（女）、彭金梅（女）、沈祖华（女）和银行职员孙宗沛等7名党员和进步青年学生，放弃学业或辞去工职，率先奔赴延安抗战。1938年5月至1941年9月，彭宗一（女）、廖斗寅、傅杰（女）等24名党员和进步青年学生先后奔赴延安抗战。

在抗日战争中，丰都涌现抗日英雄无数，其可歌可泣的英雄事迹永远铭记在丰都人民心中。其中，以季伟（王德英）、熊维克（熊灵兰）为代表的巾帼抗日英雄就是其中的典范。

季伟，原名王德英，又名王楚予，女，丰都县新城乡（名山镇街道）人，革命烈士。曾任湖北应城县委妇女部长兼一区区委书记。

1914年，季伟出生在丰都县新城乡一户富裕人家。1932年，进入丰都适存女中读书，受进步师生影响，勇敢走在抗日救亡运动前列，成为女中青年运动和抗日活跃分子。

1938 年春，季伟考入大夏大学附中读书，参加重庆"学联""自强读书会"，并很快成为学校青年运动和抗日活动骨干。同年 5 月，经黄觉庵介绍加入中国共产党，立志为民谋取幸福。

1938 年 8 月，经党组织批准，她与丰都籍同学杨士洁、冉民兰等五人结伴赴延安抗战，入中央组织部干训班学习。

在延安期间，为激励更多丰都青年奔赴抗日战场，季伟给适存女中教师石大城的信中写道："这里面生活虽然很苦，但我们干的是人类的进步事业，我们已愉快地拿起枪杆子，走上打败日本侵略者的战场。"

这封信在当时的丰都县城产生了极大的影响，带动了一批批爱国青年相继奔赴延安，走上抗日前线，走上无产阶级革命道路。

1939 年秋，她学习结业，化名季伟，到河南省确山县秘密工运，继调竹沟镇中原局印刷厂任支部组织委员兼校对。

同年 11 月 11 日，国民党集结 3000 多人枪，进攻竹沟镇新四军第八团留守处，制造惨绝人寰的"确山惨案"，季伟带领印刷厂家属随部队成功突围。之后，历经艰辛，将 50 多名老弱病残和妇女儿童转移到四望山，脱离险境。

1940 年 1 月，季伟调任湘北京山应城县委妇女部长兼一区区委书记，发动妇女 3 万余人，分乡成立妇救会，开展抗日支前。

1940 年 9 月 14 日晚，季伟到鼓楼三湾召开全区妇救会主任会议，贯彻落实应城县边区军政代表大会精神，部署开展"反封锁，反抢粮"斗争。不料，因汉奸曾新春告密，被黄滩日伪军据点 200 多人包围。季伟沉着应战，指挥参会人员成功突出重围。为突出重围人员争取转移时间，与会人员得以安全脱险，拖住追击的日伪军，季伟坚持断后阻击掩护。她在激战中因胸部被敌击中数弹，英勇牺牲，年仅 26 岁。

新中国成立后，为了纪念季伟的英雄事迹，湖北省应城人民为她修建了"季伟革命烈士陵园"，并将她牺牲所在地苔峰岗乡改名季伟乡。

类似季伟这样为革命奋不顾身、舍生取义的丰都优秀杰出青年不胜枚举。

四、全民抵御日机大轰炸

1937年11月，国军在淞沪抗战中失利，国民党政府迁都重庆。1938年2月18日，日机开始对重庆长江沿岸进行试探性轰炸。同年10月，武汉沦陷，日军肆无忌惮，对中国抗战中枢重庆实施战略大轰炸，沿江城镇深受其害。丰都属日机轰炸重庆的主要航线，据不完全统计，从1939年至1942年的四年中，丰都城乡遭遇日机返程卸弹轰炸达126架次，投掷炸弹数百枚，炸毁房屋逾1000间，炸死炸伤民众586人（其中，死105人，伤481人）。

在防御日寇大轰炸中，中共丰都组织利用"国共合作，共同抗日"的大好时机，力主备战，积极防御，组织发动群众配合国民党丰都县政府，挖凿防空洞穴13处，设置防空观察报警点4处，置备防空设施4套件。同时，联合丰都县抗日救国会，组织丰都妇女战时服务团、丰都抗敌后援分会学生支会疏散群众，救护伤员，灭火救灾，将损失降到了最低。

1940年，丰都县成立防空支会防护团，加强丰都防护工作，保障民众生命财产安全，在鹿鸣寺山上设立监视哨所，监视敌机动向，对城市居民进行有序疏散，减少无谓牺牲。积极防空，组织民众挖凿防空洞7处约2000立方米、防空壕沟约2000米。同时，组建消防队伍，挖筑太平池，筹集空袭救济基金，组建射手队，射击敌机等。

在日机狂轰滥炸中，防护团总干事兼消防大队长刘庚、团员熊兴宽在县城灭火中，英勇殉职。

五、贯彻中共中央的"三勤、三化"方针

1941年1月，国民党掀起第二次反共高潮，白色恐怖再次笼罩丰都。5月，中共丰都县委贯彻执行中共中央《关于大后方党组织工作的指示》"荫蔽精干，长期埋伏，积聚力量，以待时机"方针，全体党员隐蔽地下，利用公开合法的职业身份，秘密开展活动，组织群众坚持与国民党反动派进行斗争。

1942年1月，中共中央南方局书记周恩来根据西南地区多次遭国民党破坏的严峻形势，在中央关于"隐蔽精干"方针基础上，提出"三勤""三化"方针，要求共产党员"勤业、勤学、勤交友"，做到"职业化、社会化、合法化"。掩蔽丰都各地的共产党员根据"三勤""三化"方针要求，以公开的社会职业为掩护，广交朋友，融入群众，广泛开展抗日救亡活动。

8月，共产党员卢光特和进步教师贺德明从重庆转移到丰都，由惠平小学校长曾季鲁介绍入校任教，向师生秘密传输进步思想，揭露国民党的腐朽统治，宣传共产党领导的八路军、新四军抗击日寇的英雄事迹，组织进步教师传阅《新华日报》等进步书刊，积极培养进步师生。

1943年春，国民党税警团强行进驻惠平小学，无故殴打教师，干扰学校教学秩序。共产党员卢光特、钟肇新（女）和贺德明等人以教师身份，组织师生200多人上街游行抗议，在国民党县政府门前静坐三天三夜，抗议税警团无理侵占学校，揭露税警团迫害师生和破坏抗

日等罪行，向国民党丰都县政府参议会递交勒令税警团撤出惠平小学请愿书。社会哗然，各界人士、学生家长和群众随之声援。在社会舆论重压下，税警团撤出学校，向被打师生赔礼道歉。

同月，秦禄廷、余大河派周南若（女）打入江池小学，以校长的公开职业掩护，秘密建立党的活动据点，接收安置梁平和忠县等地撤出的共产党员，开设失学青年假期补习班，秘密培养骨干，为组建川鄂边游击队打基础。同年暑假，曾季鲁、钟肇新选送惠平小学毕业生江其聪、刘学和、隆永烈和李育达等30多名进步学生，转移重庆新华日报社工作。

1944年3月至1945年4月，王学圣、朱方蜀受曾季鲁派遣，两次到重庆通过新华日报社，向中苏文化协会和美国大使馆借回世界反法西斯战争图片360多幅，在惠平小学展出，以激发民众斗志，坚定抗日必胜信心。1945年8月14日，日本政府照会中苏美英四国政府，接受《波茨坦公告》。次日，日本天皇宣读《停战诏书》，宣告无条件投降，中国人民历经14年艰苦卓绝的抗日斗争取得胜利。

同年9月2日，日本在投降书上签字。消息传到丰都，全县人民欢欣鼓舞，各地共产党员发动学校师生、各阶层人士举行大规模示威游行，热烈庆祝抗日战争胜利。

第六节
反内战迎接解放

    抗日战争胜利前夕，国民党大肆进犯解放区，其假抗日，真反共的嘴脸暴露无遗。为迎接抗战胜利和阻止国民党发动内战，中共南方局根据中共中央指示，向党组织遭破坏最严重的川鄂边区派出五一工作组，深入宣传党的纲领、政治主张，恢复党组织，发动群众，建立人民武装，备战有可能爆发的解放战争。1946年6月，蒋介石撕毁《国共停战协定》，悍然发动内战，解放战争全面爆发。丰都及边界地区党组织，随即发动人民群众，掀起"三反、三抗、四抓"斗争。同时，通过武装斗争、策反国民党军起义，牵制国统区国民党军，支援配合人民解放军挺进大西南，消灭国民党，最终于1949年12月3日解放了丰都，推翻了国民党在丰都的反动统治，建立了人民当家作主的人民民主政权。继而，转入"征粮剿匪，解放全中国"的革命斗争。

一、五一工作组及使命

    1945年4月，面对抗战即将取得胜利，国民党为窃取抗战胜利果实，大举向解放区进攻的严峻形势，中共南方局派出王敏任组长、秦禄廷任副组长、王家滋为成员的五一工作组进驻川鄂边区，恢复重建党组织，创建川鄂边区游击队，备战有可能爆发的解放战争。

8月下旬，五一工作组于石柱县石家乡党员谭宁衡家设立机关，利用教师等社会职业为掩护，采取"分片蹲点，以点带面"的策略，以学校为阵地，发展党员，先后恢复建立江池、蒲家、大柏、利川太平镇等党组织；起用骨干回乡串联，建立农民协会、农民互助会、庆龄社和兄弟会等群众组织，建立统一战线，孤立顽固势力。从而，为组建游击队打好了群众基础。

1946年6月，蒋介石撕毁《国共停战协定》，大举进攻解放区。为加快组建游击队的步伐，五一工作组又从各地抽调50多名党员和进步青年，通过集中培训，建立起民主战士同盟。从而，为组建川鄂边游击队做好了组织和人才准备。

1947年2月，王敏、周南若调重庆工作，秦禄廷接任五一工作组组长。省委副书记张友渔、省青工组负责人张子英随即发出"尽快组建川鄂边游击队，开辟第二条战线，牵制国民党武装，支援解放军有效消灭国民党"的指示，并派邵容光、秦耀文到五一工作组协助工作。

同年3月15日，国共和谈破裂，解放战争全面爆发，白色恐怖笼罩国统区，国民党特务四处抓人。5月，石柱大柏乡共产党员孙相传和临溪乡进步群众向光轩先后被捕，五一工作组机关被迫转移丰都蒲家乡。

10月，秦禄廷接川东临委指示，成立中共石柱特别支部，接替五一工作组的工作，秦禄廷任特支书记。至此，五一工作组成为历史。

二、创建川鄂边区游击队

中共石柱特别支部成立后，坚决贯彻落实省委和省青工组"建立武装，牵制国民党武装，支援解放战场"的指示，先后在丰都崇实、五龙、蒲家、大柏和石柱江池、西沱、长顺、南路，以及利川等川鄂边区，建立"三抗"小组，开展"抗丁、抗粮、抗捐"为中心内容的武装斗争，抵制国民党在其统治区强行拉丁、征粮、派款，并建立了川鄂边区游击队。

1947年12月，石柱特支建立丰都蒲家、丰石边区、石柱西沱、石利万边区、石柱南路等五个区委，加快了"三抗"小组的建立。到三大战役打响前夕，川鄂边区普遍建立"三抗"小组。据不完全统计，仅丰石边区区委就建成"三抗"小组61个，拥有队员700多人。

三抗小组在各地党组织的直接领导下，采取软抵硬抗等办法，在川鄂边区广泛开展抗丁、抗粮、抗捐斗争，阻止国民党横征暴敛，极大地打击了国民党反动派的嚣张气焰。

1948年2月，以唐虚谷任书记的中共川东南岸工委在万县成立后，为解决游击队的武器装备，工委一方面，派出大批党员和积极分子，利用各种社会关系，打入国民党乡、保政权，实现了"枪换肩"。另一方面，组织"三抗"队员，袭击地主武装，夺取枪杆子。同时，发动家境较好的党员和积极分子捐钱买枪，实现自我武装。

是月，中共川东南岸工委以原"三抗"小组为基础，组建成立了川鄂边区游击队。游击队编列丰石边区、石利万忠、石南三个游击大队和蒲家、长顺两个独立中队，拥有游击队员750人。其中，黎万川任石利万忠游击大队队长、邵容光任指导员，秦钥廷任石南游击大队队长，余大河任丰石边区游击大队队长，胡朝聘任副大队长，秦世富、秦光顺分任蒲家独立游击中队正副队长，郎宗文任长顺独立游击中队队长。各游击大队下辖五个中队，拥有游击队员 260 余人。

川鄂边游击队成立后，迅速在石柱雪山坪、左山坪、右山坪等地展开游击战，捣毁团防，奇袭地主武装。川鄂边区国民党军警迅速组成联合"围剿"队进剿。游击队适时转移，昼伏夜出，接连挫败国民党的"围剿"。

3 月，中共川东南岸工委机关暴露，自丰都蒲家场转移五龙后坪，继续领导游击队游击歼敌。

6 月，下川东地工委书记涂孝文被捕叛变，川东南岸工委书记唐虚谷被捕，川东南岸工委与上级失去联系。副书记秦禄廷接过重任，继续带领各地党组织和川鄂边游击队，与国民党进行针锋相对的斗争。

是月，为消除涂孝文叛变造成的影响，川东南岸工委于武隆后坪召开军事会议，认真学习领会中央"关于在蒋管区开展游击战"的方针、策略，分析形势，严肃纪律，禁令盲动。同时，作出"加强统战工作，充分发动群众，展开全面反'围剿'"的决定。

会后，为鼓舞根据地军民士气，工委创办《战斗报》，宣传党的政策，报道解放军在各战场和川鄂边游击队的胜利消息；各区委认真贯彻执行工委后坪会议精神，组织党员、积极分子深入乡村，向群众宣传党的主张，介绍解放战争形势，教唱革命歌曲，动员群众，拿起武器，推翻国民党的反动派统治，并发动 26 个保 2.5 万余名群众加入反"围剿"斗争；发挥党的统战政策优势，与三乡联防主任张叔尧、国民党县党部书记长戴德辅、县教育科长戴蕴渠和县财政科科长谭凯等反战人士建立统一战线，协助川东南岸工委打通了枪支弹药秘密供给通道。

同时，基层党组织通过与进步人士、商贾人士和政府官员等建立统一战线，为反"围剿"打通了信息通道；各游击队通过买、夺、控、捐、带等方法，筹集枪支 169 支、子弹 5000 多发。

10 月，国民党建立乡保联动机制，成立丰石忠联防总队，向我根据地发起疯狂进攻，企图消灭川鄂边区游击队。川鄂边区游击队坚决贯彻执行工委"游击歼敌"方针，采取"集中优势兵力，打歼灭战"的游击战术，于 1949 年 1 月取得反"围剿"的胜利。

是月，国民党丰石联防总队调集大批军警，对川东南岸工委和丰石边区游击队驻地形成包围之势。丰石边区游击队采取"主动出击，运动歼敌"战术，将敌一举击溃，突破包围圈。

两边岩战斗。12 月 5 日，建国乡乡长、联防中队长杨巨武率队袭击川东南岸工委驻地，丰石边区游击队集中优势兵力，于江池铁炉沟两边岩设伏，将敌一举荡平，活捉杨巨武，俘敌 50 多人，缴获长短枪 50 多支、子弹 3000 多发。

湖海夜袭战。12 月 7 日，川东南岸工委率丰石边区游击队向石柱黄草坪转移，沿途夜袭丰都湖海乡（今石柱），击毙副乡长周世沛，缴获长短枪 22 支、子弹 500 多发。

三星分割战。12 月 8 日，工委和丰石边区游击队在三星乡曾家院与石南游击队会师。次日，石柱警察局杨世吉、郭世光中队赶到陡坡子、七股水阻击。游击队采取"分隔包围，分路出击"战术，将其一举击溃。

黄草坪之战。12 月 10 日凌晨，八县清剿指挥樊龄调集八、九两专署保安队和重庆内二警、丰都警察局、石柱联防武装，共 1300 余人，赶到黄草坪，向游击队阵地发起猛攻。游击队利用山高林密的险要地势，致敌寸步难行。

战斗异常激烈。到上午10时,打死打伤敌50多人,游击队阵亡1人、伤3人。

下午1时,工委作出"不打持续阵地战,向丰都转移"决定。游击队且战且退,与工委人员一道,转移丰都双流坝休整。

几天后,川东南岸工委转移到丰都长坡豆地湾,丰石边区、石南游队分路转移方斗山、七曜山,化整为零,游击歼敌。

年底,川东南岸工委与中共丰都县委书记杜文泽、中共川南二工委副书记刘渝明接上关系,并在他们的帮助下,解决了弹药、粮食等后勤补给和人员调配问题。1949年1月,川鄂边区游击队取得反"围剿"的全面胜利。但是,国民党八县清剿总指挥樊龄不甘失败,纠集地方团防,发动血洗"清乡",大肆烧杀抢劫,搜捕杀害游击队员、共产党员和革命群众。余宗贵、孙应昌、谭家禄、向朝玉、彭年才等游击队员和共产党员先后遇害。游击队员余宗贵面对敌人开膛剖肚、挖心取肝等酷刑没有屈服,英勇就义,年仅20岁。

同年2月,川东南岸工委与川东特委接通关系,并根据特委指示,迅速转入"除恶""惩顽""拔毒牙""处敌探"、追退赃物、袭击乡公所和开仓济贫等一系列反"清乡"斗争。先后处决江池乡民代表大会主席郎爵昌、丰忠石三县联防傅华清和一批恶霸地主、乡保长,不仅使"清乡"敌军失去了耳目,阻滞了"清乡";而且震慑了国民党地方势力,使作恶乡保长纷纷辞职。党组织借机派人接替乡、保长,控制乡、保政权。

木厂垭战斗。同年4月初,为使群众度过春荒,丰石边区游击队集结160多名队员,动员350多名基本群众,攻打太运乡保长秦仕汶和国大代表江秉彝,成功逼其开仓放粮,救济贫困群众。

4月27日，丰石边区游击大队中队长向明龙，率队奇袭建国乡大地主张春山，夺粮济贫。返途，于高家镇木厂垭遭国民党丰都"清乡"部队伏击，游击队员黄应文、牟代永为掩护运粮群众及游击队撤退，挺身突入敌阵，勇夺机枪，壮烈牺牲。

到1949年6月，川鄂边游击队取得反"清乡"斗争胜利，其队伍由反"围剿"前1800多人扩大到3000多人（其中，丰石边区游击大队由原5个中队260余人，扩大到9个中队1400多人；建立江池、太运、五龙、长坡、湖海等游击根据地，控制区域47个保4.8万人，发展基本群众2000多人，编列战斗小组92个。蒲家独立游击中队由原五个分队200多人，扩大到730多人）；扩大游击根据地到湖北所辖利川和四川所辖丰、忠、石、万等2省5县的50多个乡镇、300多个保、30多万人口地区，控制面积1.5万平方公里，牵制国民党军地武装2个师、6个团、8个保安队，共2万余兵力。

三、"三反、三抗、四抓"斗争

1947年5月，由国统区中共地下党组织发动的反饥饿、反内战、反迫害的"三反"运动爆发，以促进中国共产党提出的"停止内战，和平建国"主张的实现。

"三反"斗争。1947年，中共丰都组织尚未恢复，大批转移丰都隐蔽党员，以教师等身份掩护，组织发动工人和学校师生罢工罢课，示威游行，掀起"反饥饿、反内战、反迫害"为中心的"三反"斗争。打击了国民党在丰都的嚣张气焰，动摇了其统治决心。

"三抗"斗争。1947年，国民党在解放战场上节节败退。为支撑内战，在国统区强行拉丁、征粮、派款，引起广大农民强烈反抗，部分农民自觉拿起武器，与官府展开斗争。9月，中共丰都县临委遵照四川省委"三抗、四抓"工作方针，将斗争的重点由城市转到农村，组织发动农民开展抗丁、抗粮、抗捐税的"三抗"斗争和抓组织、抓政权、抓武装、抓上层的"四抓"斗争。成立"三抗"战斗小组，采取集中壮丁，白天劳动，夜间轮岗，示警报信，迅速分散，隐蔽躲藏、扭打反拉和出钱买兵等方法，抵制国民党强行拉丁；发动农民，采取软抵硬抗、开仓借粮等方法，拒缴捐款、税负、粮食。

"四抓"斗争。为了有效地牵制和分散国民党反动派的力量，支援人民解放军消灭国民党，控制、削弱和瓦解国民党政权，最终推翻其统治，建立人民民主新政权，中共丰都县委在开展"三抗"斗争的同时，从1948年起，掀起抓组织、抓政权、抓武装、抓上层的"四抓"斗争，极大地动摇了国民党反动派的统治。据不完全统计，仅丰涪边区区委，就在"四抓"斗争中，建立群众社团20多个，发展基本群众400多人，派党员、骨干打入乡保政权50多人。

"增薪"运动。1949年，北平"和平建国"谈判失败后，国民党在解放战场节节败退，被迫退守大西南，作垂死挣扎。在经济上，为支撑内战，废止法币，大量发行金圆券，致使国统区货币贬值，物价飞涨，民不聊生，人民贫困交加，饥寒交迫。中共丰都县委指示各地党组织，发动中小学校师生，掀起以反饥饿、争温饱为主要内容的"增薪"斗争。

4月1日，丰都城区区委聂敬民、余烈等人，发表《反饥饿，争温饱宣言》，号召全县中小学校教职员工，积极行动起来，为争取生存权利，与国民党反动当局作坚决斗争，并利用国民党丰都县府召开参议会之机，组织县城中小学校统一行动，罢课罢教，到县政府参议会会场前示威请愿。

4月3日，学生家长、各界人士和民众随之响应，声援学校师生的正义行动；国民党"左"派人士、县参会议员郑许吾、戴蕴渠等人，在会上据理力争，并赢得多数议员赞同。最终迫使议会作出"提高中小学教职员工工资20%"的决议，"增薪"斗争取得胜利。

四、策反国民党三七四团起义

陶一揆，丰都县金盘场人，黄埔军校第六期毕业。1926年加入中国共产党，曾参加武汉分校保卫战、广州起义、陆海丰惠来城战斗。曾任工农革命军第四军排长。三次奉命打入敌营，先后任丰都金盘乡乡长、涪陵县自卫大队和重庆警官学校大队长、总队副总队长、教练科长、秘书科主任。

1949年，蒋介石为挽回败局，特允孙元良以其原四十七军残部为基础，招募新兵恢复兵团建制。

同年2月，丰都县委遵照川东特委指示，抓住国民党重建孙元良兵团之机，派共产党员陶一揆打入国民党四十七军一二五师三七四团，伺机策反起义。

同年4月，三七四团组建完成，拥兵2000余人，设3个营和5个直属连，陶一揆任团长。

5月中旬，三七四团开赴忠县平山坝受训。陶一揆通过惩处违纪军官、分化瓦解旧部、安插共产党员任要职等措施，实现控制全团目的。

8月，忠县平山坝受训结束，部队调防云阳县固陵沱。

10月，部队调防巴东西溪口火峰乡充当预备队。陶一揆策划起义，但因周围驻扎国民党部队较多，加之远离解放军驻地，被迫放弃行动。

11月，部队奉命到湖北利川县吐祥坝待命，准备开赴前线作战。原三七四团旧部官兵目睹前线官兵溃败惨状，触景生情，产生反战情绪。

11月21日，中国人民解放军第二野战军西湖二支队（简称解放军西湖二支队）攻占丰都高家镇。

11月27日，国民党为固守长江防线，将三七四团调防丰都汀溪驻守，并指令联络参谋伍安义和其二营监视督战。陶一撰再次策划起义，并于12月1日派余渊、余朝柄过江，与高家镇解放军联络，商定起义事宜。不料，解放军已开赴石柱和丰都龙河口，起义被迫暂缓。当夜，一二五师师部急令伍安义率三七四团二营留守原地，陶一撰率余部向垫江开进。

陶一撰接令，连夜与代保玺、余渊等共产党员商议对策，认为二营留守，使三七四团摆脱了师部监视，是部队起义的最佳时机。次日下午，部队抵达何家场小学宿营。当晚，陶一撰召集代保玺等共产党员秘密议定了起义方案，并拟定了《起义宣言》。同时，做通了副团长吴志德的工作。

12月3日清晨，全团1600余名官兵集结操场，陶一撰宣读了《起义宣言》后，全团官兵扯掉帽徽、领章，一致举手宣誓起义。同日下午，解放军西湖二支队抵达何家场小学，接收三七四团起义官兵。陶一撰完成移交，回县委归队。

国民党三七四团起义是国民党在四川的首支部队起义。它不仅动摇了国民党部队的军心，而且瓦解了国民党在西南地区的最后防线。从而，为人民解放军挺进大西南，解放全中国营造了强大的政治舆论。

五、强渡长江解放丰都

1949 年 11 月初，人民解放军在北起长江、南到川湘桂黔边区的千余里战线上，向西南国民党守军发起进攻，以雷霆万钧之势进击入川，蒋介石苦心拼凑的"大西南防线"土崩瓦解。

1949 年 11 月 20 日，解放军西湖二支队在丰石边区游击队配合下，自石柱县下路兵分两路，向丰都县国民党守军进击。

一路由解放军西湖二支队一、二团组成，自下路出发，经金彰、周家庙、丰都蒋家沟黑石坪，向高家镇进发，于 12 月 21 日解放高家镇后，撤回石柱。另一路沿江而上，到龙河口与主力部队会合。

另一路，由解放军西湖二支队主力组成，自石柱下路出发，解放江池后，经崇实、龙河和莲花洞等南岸乡镇后，向丰都县城进发。

部队抵达双路口青杠桠，与国民党四十七军一二五师阻击部队遭遇，经一小时激战，将敌一举歼灭。

11 月 26 日，解放军乘势进击，解放双路口。当日，解放军西湖二支队政委白相国在双路口召开军地联席会议，宣读二野政治部令，成立丰都县临时人民办事处，白仲山、陈如元分别担任人民办事处正、副主任。

丰都县临时人民办事处成立后，一边在南岸各乡镇建立新政权，一边组织丰都南岸广大群众民工 3000 多人拥军支前，保证部队供给，配合解放军渡江解放丰都县城和北岸乡镇。几天后，就为部队征集粮食 5000 余公斤、渡江船只 50 余艘。

当日，解放军西湖二支队指挥部设乌杨树，部队转驻乌杨树、葫芦溪、刀鞘溪、长沙坝和兴义张家梁等长江沿岸，一边休整，一边封锁长江江面、做渡江准备，等待渡江攻城命令。

12月3日凌晨4时30分，在强大炮火掩护下，解放军西湖二支队先遣部队从南岸江边张家梁驾船强渡，到北岸冉家石坝登岸后，越过青牛山，跨过小湖溪，登上名山、双桂山，控制了丰都县城。国民党守军早已闻风丧胆，见解放大军发起渡江攻城，弃城仓皇西逃而去。

天明，解放军先遣部队迅速下山入城，与城内中共地下组织会合，迎接大部队过江。上午，解放军全部渡江入城，宣告丰都解放。之后，北进何家场，接收国民党三七四团起义部队。丰石边区游击队随即接管丰都县城。

12月7日，中国人民解放军第二野战军西南服务团四支队一中队72人抵达丰都。

12月8日，丰都县临时人民办事处在县城后坝举行机关、团体、学校、市民和各界人士等近4000人参加的军民联欢会，正式成立中共丰都县委、丰都县人民政府，宣告丰都解放，丰都人民从此站起来了！

丰都解放是丰都历史的重大转折。它宣告丰都人民推翻了"三座大山"，结束了国民党的反动统治，标志着中国共产党领导的革命斗争在丰都取得了全面胜利。

六、剿残匪固政权

1950年2月，正当县委、县人民政府接管旧政府，建立新政权，领导全县人民借（征）粮草，支援前线，稳定社会秩序、恢复发展经济之时，国民党潜伏特务不甘失败，乘解放大军西进歼敌，解放全中国之机，联络国民党党、政、军、警分子，纠集地主恶霸、土豪劣绅、散兵游勇、封建帮教会等残余势力，向人民政府发起疯狂进攻，妄图把新生人民政权扼杀于摇篮之中。

1950年2月5日，唐云武股匪在厢坝首先发动，南岸各地潜伏匪队随之呼应，疯狂攻击人民政府，屠杀政府干部、解放军指战员和革命群众91人。

1950年2月12日，吴锦堂、刘占清、刘国卿等北岸潜伏特务也随之制造了震惊川东的"大堡惨案"，妄图以五区为突破口，推翻新生的人民政权，实现国民党反动派败退时制订的"反共救亡应变计划"梦。匪特在暴乱中，屠杀政府干部、解放军指战员和革命群众43人。

暴乱发生后，县委迅速成立以县委书记张丹卿任政治委员、解放军一〇八团团政委霍宗岳任副政治委员、团长余辅坤任团长、县长刘景洲任副指挥长的丰都剿匪指挥部，集结解放军一〇八团、县武装大队和区、乡治安队等武装力量，采取"分进合击，铁壁合围"战术，对暴乱匪队展开了大举"清剿"。

7月底，丰都反革命暴乱平息，剿匪全面胜利。据不完全统计，歼灭大小匪队19股，9709人。其中，击毙匪徒543人、俘虏匪徒2956人、登记自新匪徒6201人；缴获土炮15门、长短枪4829支、大刀2872把和大批粮食、财物等。破获"九江兵团""中国人民救国军""青年争取团"等反革命组织7个，逮捕匪特130人。

剿匪的全面胜利，安定了社会秩序，巩固了新生的人民民主政权，为丰都人民在战争的废墟上重建家园和大规模经济建设创造了安定和谐的社会环境。

第三章

独特的"鬼城"文化

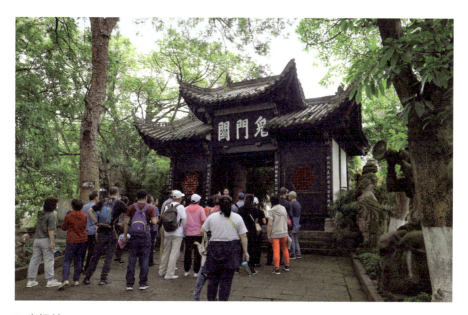

● 鬼门关

"鬼城" 文化价值

丰都名山，古称平都山。位于长江北岸，海拔 288 米。闻名于世的名山鬼城风景区就坐落于此。

名山鬼城现在保存的是清光绪二十七年 (1901) 的格局。奈何桥、鬼门关、黄泉路、望乡台、天子殿等建筑及阴天子众鬼神形象共同呈现出一个神秘离奇的阴曹地府。

一、千古传奇 名满天下

名山鬼城历史悠久。早在汉代，就有阴长生来此平都山（即名山）修道羽化升天的传说。晋人葛洪所著《列仙传》载："阴长生者，新野人也，汉阴皇后之属。少生富贵之门，而不好荣位，专务道术。闻有马鸣生得度世之道，乃寻求，遂与相见……后于平都山白日升天，临去时，著书九篇。"西晋时，人们在平都山建庙祭祀这位仙人，庙名"乾竺殿"。

唐代，平都山道观中供奉的仙人已变成两位。除阴长生外，增加了王方平。唐末杜光庭在《段相国报愿修忠州仙都观验》中记："忠州都县平都山仙都观，前汉真人王方平、后汉真人阴长生得道升天之所。芜没既久，基址仅存……相国邹平段文昌，旋寓之年，追回峡内，时因登眺，灶香稽首，祝于二真曰：'苟使官达，粗脱栖迟，必有严饰之报。'自是不十岁，拥族江陵。视事之夕，已注念及此。俄梦二仙，若平生密友，引公登江渚之山，及顶，乃阴君之洞门矣，二真亦不复见。翌日，施一月体钱修观宇……以答灵贶。"据此可知，唐代平都山上的道观已改名"仙都观"，供奉前汉王方平、后汉阴长生两位真人。

北宋时，苏洵、苏轼和苏辙父子三人游平都山。苏轼写下了"平都天下古名山"的诗句，平都山遂更名为名山。其后，名山上的庙宇先后改名"景德观""白鹤观"，至南宋时改名"酆都观"。南宋文学家范成大著《吴船录》云："忠州酆都县，去县三里有平都山。碑牒所传，前汉王方平、后汉阴长生皆在此得道仙去，有阴君丹炉。满山古柏大数围，转运司岁遣官点视，相传为阴君手种。阴君以炼丹济人，其法犹传。"又诗云："云有北阴神帝庭，太阴黑簿囚鬼灵。"南宋文学家洪迈在《夷坚志·支癸》卷五"酆都观事"中说："忠州丰都县五里外有酆都观，其山曰盘龙山，之趾即道家所称北极地狱之所。"此外，南宋杨齐贤、郭印、李曾伯、苏泂、袁说友等多人游酆都观并留下诗文。据此可知，南宋时平都山上的"仙都"已变成"北极地狱之所"了，道观中供奉的主角也由仙界的阴王二仙改为阴曹地府的阴司之王。不过，供奉阴王二仙的庙并没有消失，只是从主角变成了配角，庙的名称由"酆都观"变成"凌虚阁"，再后来变成"二仙楼"，一直保存到现在。其址未变，一直在名山山顶的中央。

随着酆都观的出现，名山上便有了一个实体的阴曹地府。人们出于对生命的敬畏，来名山朝山敬香的人越来越多，香火旺盛，酆都观声名远播。以至元杂剧中只要描写阴曹地府，则大多称为"酆都"。如戏剧作家郑廷玉的《布袋和尚忍字记》中的台词："本要罚往酆都受罪，我佛发大慈悲，罚往下方汴梁刘氏门中……"他的另一部杂剧《崔府君断冤家债主》中也有阎罗王命令小鬼打开酆都城寻找张善友回家的剧情。

历代文人墨客游酆都观写下的诗文也广为流传。特别是元杂剧对酆都阴曹地府的渲染，使得平都山上的酆都观名扬天下。明朝开国皇帝朱元璋下诏将"豐都县"改成"酆都县"。自此，南宋以来名山山下"豐都城"与山上"酆都观"，变成了山上山下皆"酆都"。随着文学名著《西游记》《说岳全传》《聊斋志异》《南游记》等对酆都的描绘，"酆都"二字渐次成为阴曹地府的代名词，不知原委的人们把山下阳间酆都和山上阴间酆都混为一谈，酆都城也变成鬼城了。

随着佛教在中国的传播，佛教的生死轮回思想也受到一些民众的认同。名山鬼城也呈现了这一理念，以六道轮回回答了"人是从哪里来，死后又到哪里去"的封建迷信思想。名山鬼城展示人的生死轮回路线：死后进鬼门关，走黄泉路，过奈何桥，到地府报到，再到望乡台告别阳世亲人，到孟婆处喝忘魂汤。一般人就会经六道之"人道"转世投胎做人，如此轮回永无穷尽。而大善之人会经天道上天成仙，恶人则会被罚，或变畜生蛇虫或下地狱，或变饿鬼。不过受罚之人刑满也会转世为人，只有十恶不赦之恶人才会被打入十八层地狱，永世不得超生。名山鬼城展示的人的生死轮回线路，足以让信徒诚惶诚恐，从而促使人们多行善而莫作恶的理念代代传承。

名山是儒释道文化融合共处之地。名山的各种庙宇达四十多座。现在名山上佛教庙宇有寥阳殿，内供三世佛及十八罗汉；报恩殿，内供地藏菩萨；哼哈祠，内供哼哈二护法神。道教庙宇主要是玉皇殿，供奉玉皇大帝及天上诸神；还有供奉阴王二仙的二仙楼。民间诸神的庙宇有药王殿、财神殿、上关殿等。

如今的名山已是首批国家级重点风景名胜古迹和国家 4A 级旅游景区，它以其神秘厚重的文化吸引了海内外游客，其中不乏名人政要。美国前国务卿基辛格游历名山后，认为名山鬼城与中世纪意大利诗人但丁在《神曲》中对地狱、炼狱的描写有异曲同工之妙，称赞名山是中国神曲之乡。

二、"鬼城"文化 善为根本

鬼神信仰在世界各民族都有。几千年的中国传统文化，几乎无处不充斥着鬼神的影子，成为一个充满鬼神的世界。千百年来对鬼和阴曹地府都有详细描述。巴渝地区，早在商周时就有崇尚鬼巫的习俗。

关于名山鬼城来历的文字记载，现今能查到的是清朝、民国的《酆都县志》。清光绪十九年《酆都县志》记载："酆都观在平都山顶。唐曰仙都，宋改景德，亦称白鹤观……谓仙人阴长生、王方平炼形于平都……释氏误将阴王连读以为阴司之王者，遂附会为地狱之说，好事者又引李白诗'下笑世上士，沉魂北酆都'二语证之，于是皆信酆为鬼国矣。"而民国的《酆都县志》在沿袭光绪版县志关于名山鬼城来历说法的同时，在时间上则有"沿及宋季道书误将阴王连读，遂为地狱之说"的记载。这两部县志有几处关键表述：一是"沿及宋季"，二是"误将阴王连读"，三是"李白诗"。"沿及宋季"指的"都观"建于宋朝，因北宋时苏洵、苏轼和苏辙三父子游平都山写有数篇诗文，其中提到"仙都观""真人王远阴长生"，并无鬼神地狱之文字，可见北宋时平都山上仍为仙都观，观里供奉的仍是王方平（即王远）、阴长生。而到了南宋，范成大、洪迈、杨齐贤等都曾游平都山上的都观，留下诗文。"误将阴王连读"而附会为地狱之说，与范成大在《酆都观》中记述"道士云此地即所谓北都罗酆所住"。洪迈在《夷坚志·支癸》卷五"酆都观事"中记述"之趾即道家所称北极地狱之所"是吻合的。只不过从范成大、洪迈的记述中可知，道家绝非误将阴王连读，而是有意为之。至于引"李白诗"，则是古人为这种编造寻找的证词，李白的诗原为"下笑世上士，沉魂北罗酆"。李白诗中的北罗酆，是传说中的罗酆山，传说罗酆山有酆都宫，人死皆至此，其中的酆都大帝为鬼神之主。而宋朝丰都县名为"豐都"，"豐都"与"酆都"谐音，平都山上又有阴王二仙，正好宣传为"阴司之王"，丰都平都山具备这样一些条件，正好被道家利用，于是道家在平都山建造了以"酆都"为观名的阴曹地府，并改李白诗以证之。

但这些只是表象，古人在平都山建造阴曹地府其实有更深层次的原因。

其一，宗教原因。名山鬼城是佛教和道教竞争的结果。世界上任何宗教都有排他性，佛教与道教也是如此。在名山，道家从西晋开始就在山上庙观中供奉了阴长生，后来又加上了王方平。北魏时，佛教也在丰都建立了寺庙。于是，丰都佛道两家争香火就成了必然。香火是佛家道家的经济生命线。一个寺庙道观若香火不旺，必定导致这个寺庙道观的衰败。唐时相国段文昌为什么捐资重修仙都观，那是因为仙都观很破败，"芜没既久，基址仅存"。为什么破败？那是因为仙都观香火不旺，竞争不赢大唐崇佛的佛教寺庙。当然这只是推测，但这种推测在宋代得到了进一步的印证。宋代平都山上的道观几次改名，实质是几次变革，观名的改变意味着供奉主体的改变。改名"景德观"，"景德"是宋真宗赵恒的年号，观里供奉的是谁，因无文献可查，故无从知晓。改名"白鹤观"是因有尔朱仙在平都山修炼得道骑白鹤飞升的传说，观里供奉的主体应与此相关。直到改名"酆都观"，观里供奉了阴司之王（即阎王）才固定下来。南宋平都山上道观的变革，其目的是为了增旺香火。按道教的一贯做法，就是提高庙里供奉的神像身份。阴长生、王方平的身份低微，比不过如来、观音，造成仙都观香火弱微，没有经济来源，穷则思变，于是借阴王连读把阴司之王搬了出来。

古人在平都山顶创建了一个看得见的实体鬼国，这个鬼国比传说中的阴曹地府更为具体。天界、人界、冥界是人们对善恶因果循环存在环境的设想，鬼国是冥界。天界有玉皇，人界有帝王、冥界有阎王。更重要的是，阎王主宰着人的生死，"阎王叫你三更死，不能留你到五更"。阎王权力这么大，谁不怕死？所以酆都观的地位就提高了。而那实体的地狱极其恐怖，作了恶就要下地狱，只有多做善事才能上天堂，不作恶才能投胎转世为人。于是信众们纷纷来平都山烧香磕头，求死后不下地狱，并保证多行善积德。信众们朝拜一次鬼城，灵魂就会得到一次洗礼。平都山上的阴曹地府，客观上起到了教化从善的作用。

其二，社会背景。在南宋，官场腐败，社会黑暗，皇帝满足于苟安一隅，一再对金人让步，因而奸臣当道，主和派、投降派把持朝政，对主战抗金的人进行打击迫害。抗金名将岳飞在战场上取得节节胜利，皇帝不但不支持，反而以十二道金牌将其召回。秦桧更以"莫须有"的罪名杀害了岳飞父子，此事引起了全国人民的极大愤慨。秦桧在世时，由于他权倾朝野，人们对他无可奈何。秦桧死后，人们为了泄愤，就把他的像跪在岳飞墓前。而在酆都鬼城，人们则把他放在地狱里受刑。直到现在，鬼城地狱里还保留有秦桧受刑的塑像。元刘一清著《钱塘遗事》中载："秦欲杀岳飞，于东窗下谋其妻。王夫人曰：'擒虎易，放虎难。'其意遂决……未几秦熺亦死。方士伏章，见熺荷铁枷，因问秦太师何在。熺曰：'吾父见在酆都。'方士如其言而往，果见桧与万俟卨俱荷铁枷，备受诸苦。桧曰：'可烦传语夫人，东窗事发矣。'"可见，南宋时之所以出现酆都鬼城，那是人民对社会现实不满的反应。岳飞精忠报国，英勇杀敌，反遭杀害，秦桧投降卖国，杀害忠臣，反而享尽荣华富贵，不受惩罚，世上哪有公平正义？"只因世间多不平，遂向阴曹求公正。"恶人在阳世得不到惩罚，只有寄希望于阴间了。于是，人们在建阴曹地府时，就把秦桧、万俟卨等奸臣放在地狱里受惩罚。地狱里还有很多惩恶的塑像，反映了古人对"恶"的憎恨，这种对"恶"的憎恨其实质是源于对现世的不满。这种对"恶"的惩罚，表达了古人对"善"的期盼与向往。

名山鬼城之根在道教。平都山古为道教七十二福地之一，东汉时阴长生在平都山修道，又传说王方平也在此修道，然后才有供奉阴长生、王方平的仙都观，有道教"阴王二仙"之根，才有道家将阴王附会为"阴司之王"的苗。

名山鬼城之体在佛教。古人在建鬼城时，阴曹地府的样子是参照佛教的六道轮回之说。鬼门关、阎王、地狱等都是依照佛法来设置。因此，名山鬼城才让老百姓深信不疑。

名山鬼城之魂在儒家。名山鬼城宣扬的是因果报应，善恶有报。善恶的标准是儒家标准，忠、孝、仁、爱、义、礼、信、和，符合这些标准就是善，反之即恶。儒家思想早已深入中国人的灵魂，名山鬼城的惩恶扬善思想深得老百姓拥护。

三、价值厚重 意义深远

名山鬼城和它折射出的鬼神文化，是中华文化的一个文化元素，它以独特的表现形式令世界瞩目，是中国也是世界的文化遗产。它价值厚重，意义深远。对于鬼神文化的价值和意义，西南大学教授周勇先生认为：丰都鬼神文化是融中华传统文化儒、释、道三学与民间信仰于一体的文化形态。贯穿其中的精神价值是"敬天畏命、公平正义、生命轮回、因果报应、唯善呈和、慎终追远"。"敬天畏命"是丰都鬼神文化的最高理想，"生命轮回""因果报应"是丰都鬼神文化的义理基础，"公平正义"是迈向理想社会的实现手段，"唯善呈和"是向往理想社会的实现基础，"慎终追远"则是实现理想社会在个人修养上的必然结果。周勇先生把丰都鬼神文化的时代价值及意义概括为"扬善、惩恶、公正、和美"八个字。这八个字是人民的诉求，也是人民的愿望。

鬼神文化说的是鬼，喻的是人。名山鬼城在新中国成立前通过举办宗教活动，将惩恶扬善的理念传达给信众，起到了传承美德、弃恶从善的教化作用。

鬼神文化也具现实意义。鬼神文化中"扬善、惩恶、公正、和美"的价值理念，与当今社会主义核心价值观是吻合的。惩治腐败、扫黑除恶是惩恶，表彰道德模范、奖励对国家有突出贡献的先进人物是扬善，彰显的是公平正义、诚信友善、文明和谐的价值取向。

第二节
"鬼城" 文化艺术

丰都鬼城,历经千年,丰富的文学艺术,解读着丰厚的鬼城文化。

一、匾额楹联

首先,丰都名山是一处古建筑群体,它与所有的中国传统建筑群体一样,高挂许多匾额、楹联,加上优美的书法艺术挥洒,成为传统建筑的有效组成部分。而鬼城的这些匾额、楹联,充分地体现着鬼城文化的特点。

玉皇殿:殿右前方为一石结构门枋,俗称"南天门",左右阴刻楹联曰:仰见无穷主极居其所谈是天枢;谁云不可阶升入此门便通帝阙。传为清朝进士,翰林院编修徐昌绪所撰。楷书工整,笔力精到。

鬼门关:门上匾额楷书"鬼门关"三个黑体大字,雄健苍劲,给人以森严恐怖之感。其左右门联为:名山并非冥山搜纵觅横何曾找着罚孽刑鬼;阴王那是阴王张冠李戴原来为了化顽儆奸。

天子殿有三组匾联。一是"神目如电"匾,联曰:"任尔盖世奸雄到此亦应丧胆,凭他骗天手段入门再难欺心。"表明阴天子及其手下的文臣武将皆为冥神，他们明察秋毫，执法严明，正义凛然。 二是"善恶昭彰"匾，联曰："阳世奸雄违天害理皆由己，阴司报应古往今来放过谁。"是说在鬼国，善恶分明，因果有报，不似阳间可以任你是非不分、黑白颠倒。三是"乾坤一气"匾。联曰："泪酸血咸手辣口甜莫道世间无苦海；金黄银白眼红心黑须知头上有青天。"说的是天地有正气，行事说话要坚持正道。

天子殿门联："不涉阶级须从这里过，行一步是一步；无分贵贱都向个中求，悟此生非此生。"西地狱楹联："善恶当报阳间不报阴间报，功过评说今世未评后世评。"鬼城"黄泉路"入口有一副醒目的楹联，将人生命走向死亡的终结阶段心境刻画得淋漓尽致："黄泉路上思儿女，阴间地里想族亲。"黄泉路上还刻有"劝诫碑"："忿激莫

● 匾额楹联

兴讼，饥寒不做贼，淫为万恶首，孝乃百行先。"看到这些楹联碑刻，也是敬告世人，需要珍惜生命，律己慎行，多行善事。

二仙楼匾题：《酆都县志》载，"二仙楼"上曾有明朝兵部职方司主事、迁贵州驿盐副使林明隽题一楹联云："飞阁静涵天常余云气奔城脚，娟峰妙插水犹带江声挂树枝。"清康熙十年川湖总督蔡毓荣书楼榜曰："中天积翠"，并二联曰："山随平野尽，天围万岭低"；"薛荔摇青气，烟楼半紫虚"。

五云楼：上唐人书"瑶池乐部"，清代忠州知州周景福题"五云深处"，知县瞿颉题"水天一色楼"。

另天子殿前有坊题为"天下名山坊"，为明万历九年典史彭键建，古养敬、杨怍为之记。天子殿内还悬有"威灵显赫"等横匾。以上匾额题字，由于种种原因，已荡然无存。

名山现存匾题，只天子殿尚残存以下几块：1.天子殿门正面上书"天子殿"三字，背面颜书"幽都"二字，书法严谨苍劲。2.跨入天子殿，第三门匾题曰"曜灵殿"，清康熙七年孟夏吉旦立，为赐进士及第、文林郎、知丰都县事黄初撰题。3.天子殿堂中匾题曰"乾坤一气"，上款书"巡抚四川等处，总督军务兼理粮饷，都察院右副都御史，加十二级能泰"，下款书"大清康熙四十七年，岁次戊子，仲冬上浣之吉敬立"。4.天子殿内还有两块匾，一题"神目如电"，一题"善恶昭彰"，惜上、下款俱无，无从考究。

在名山大仙岩壁镌有"岷嶽""米拜"等大字。"岷嶽"二字，为清代道光二十四年(1844)丰都知县朱有章所书，字径二尺，笔法雄浑，现犹清晰可见。

二、书法碑刻

这里的碑刻也十分丰富，雕刻精致，书法遒劲，正书、行书、草书兼备。唐碑就有十通，原嵌于天子殿右外侧壁。据宋代王象之所著《舆地纪胜》碑目载，平都景观唐碑十块：即殷丞相"修仙都观记碑"，段少监"修斋记碑""天尊石像记碑""老君石像记碑""感应碑""张大理诗碑"，杜光庭"石函记碑"，李吉甫"阴真人影堂记碑"和"二真君碑"（唐贞元元年立），李虔之"二仙公碑"（唐景云二年立）。上述唐碑，由于缺乏保护，民国初已字迹不清。现其碑文内容，仅段文昌所撰《修仙都观记》尚载《酆都县志·艺文志》可考。

又 1963 年四川省政协致丰都县函称：唐代镌于平都山的碑目还有"平都二仙君铭碑"（薛混撰文，唐景云二年立）、"景德观碑"（李吉甫撰文）、"平都三官堂碑"（唐中和元年忠州刺史陈佽撰文）、"摹比干铜盘铭""道山洞天碑"（唐李阳冰书）和"阴长生金丹诀石刻"等。

明碑二通：一为"登凌虚阁诗碑"，为明隆庆六年（1572）监察御史安判曹登二仙楼所赋，明万历初刊立。其诗云：我登凌虚俯太空，鸿荒宇宙此蒙蒙。湾环江水明如镜，起伏山峰列似丛。日月两丸手可摘，乾坤万里目能通。飘然我欲翔千仞，结屋层霄傍紫宫。二为"酆陵八景诗碑"，为明正德十三年（1518）巡按御史卢雍题刻，嵌于鬼门关内侧壁，仅少许残缺诗题，如白鹿鸣秋、平都仙迹、曲池花流等依稀可见。

清碑三道："重建平都山二仙楼记"，为清道光十年文林郎、丰都知县黄初撰文，碑文内容载旧县志，嵌立于天子殿后外壁；"五云洞碑"，于清同治五年（1866）冬立，碑文为丰都即选训傅世华撰，刻立于上关殿前；"平都星辰礅碑"，为清光绪四年（1879）好山道人撰文，刻立于大雄殿右侧。

民国碑一道：即"劝戒碑"，为民国16年(1927)蓬溪县长孙治国立、铜梁县长吴载易书。该碑高2米余，出土时断裂，经粘合复原立于地仙祠斜对面。

三、建筑艺术

据传，早在西晋时期，这里就开始创建寺观庙宇，随着佛、道教的影响和盛行，造寺建观也逐年兴起，唐宋时，山上寺庙已初具规模，到了明清两代，殿阁林立，楼亭遍布。前人有诗云："览胜珠宫一吐奇，山灵应笑我来迟。天开地辟壶中景，月白风清画里诗。"名山古建筑，不但具有悠久的历史，而且其建筑布局、建造风格也充分体现川东特色，是长江三峡地区保持较为完整的古建筑群。

名山古建筑，所有寺观依山而建，从山下顺势而上，大致在同一中轴线上。以佛、道、地府以及

● 二仙楼

● 十大阴帅

地位尊卑为序，形成气势雄伟、庄严的"阴曹地府"系列建筑。这些佛寺道观的排列，反映出中国古代建筑与受封建礼教的关系，为儒家伦理思想所支配。儒家强调尊卑等级，不容犯上僭越，儒家讲求均衡、整肃、对称、协调，这些，都不同程度地反映在建筑的整体布局和建造格调上。

名山古建筑群多为木质穿逗，间有斗拱，属我国典型的南方式结构和建筑艺术，镂空雕花，圆木承重，大梁抬空，璃瓦鎏金，古朴典雅，加之冷色重彩，形成一派"鬼国地府"之阴森气氛。"鬼城"富有浓郁的神秘色彩与古代建筑的传统艺术价值相得益彰。对研究我国建筑艺术以及宗教、民俗发展的历史具有较高的历史、科学、艺术价值。

而今，名山古建筑迭经沧桑，大部分寺观废圮殆尽，现存仅有大雄殿、奈何桥、玉皇殿、鬼门关、天子殿及二仙楼，除奈何桥为明代建筑外，其他几处皆为清代重建。

四、塑像美术

自唐代以来，丰都先后建立宫观寺庙七十五座，仅鬼城幽都所在的名山山麓就有庙宇四十余座。名山的雕塑艺术，造诣颇深。人们凭着对鬼国地府的种种虚幻设想，按照人间的诉讼、法庭、监狱、酷刑等，设置和塑造了一套系统而完整的"阴曹地府"机构，在我国各名山大刹中独具特色。历代艺术工匠用泥、石、木、铜、铁等塑造了数以千计的儒、释、道各家神像，或慈善，或狰狞，或怪异，或丑恶，其容貌千姿百态，惟妙惟肖，栩栩如生。唯有天子娘娘像，系棉胎锦衣塑成，富有弹性，以"肉身"流传，别具匠心。

大雄殿：殿内供奉有释迦牟尼、三世佛以及十八罗汉等塑像。

鬼门关：檐下衬枋雕作"小鬼"，龇牙咧嘴，形神逼肖。

天子殿：阴天子座像后，设有一神龛，供奉着年轻美貌，秀丽端庄的天子娘娘——卢瑛。塑像活灵活现，肌肤柔润。前殿左右两侧间彩塑十大阴帅，神态各异，栩栩如生。中殿四大判官、六部功曹神像分列两旁。前、中殿明间塑阴天子坐像，身躯高大，气势威严。

二仙楼：一层塑高 2.5 米的华光大帝坐像，亭檐横悬一匾，颜书"五云深处"。二层塑高约 3 米的飘海观音，旁有金童、玉女侍立。横匾上，"水天一色"几个大字呼之欲出，与周围景物浑然天成，妙不可言。第三层中间为阴、王二仙对弈塑像，旁侧侍立渔、樵二人。其酣战之态，如一触即发，观棋者更是如痴如醉，情趣盎然。

第三节
丰都庙会

　　庙会，是中国民间宗教和岁时风俗，一般在农历新年、元宵节、二月二龙抬头等节日举行。它的形成和发展与寺庙宗教活动有关。举办地点一般在寺内，或寺庙附近。庙会是中国的一种民间民俗文化形式，是宝贵的非物质文化遗产。2014 年，丰都庙会被列入第四批国家非物质文化遗产名录。

　　丰都庙会有别于其他庙会。首先它的时间是确定在每年的农历三月三。传说，这一天正是阴天子娶亲的日子，是一个值得庆祝的大喜日子。

　　所举办的内容也有别于其他庙会，主要是"阴天子娶亲""活捉秦桧""城隍出巡""钟馗嫁妹"等巡游；有祈福驱邪的神鼓舞、鬼面舞、响篙舞、竹鼓舞；有祈求风调雨顺的水龙舞、戏牛舞、狮子舞；有鬼脸瓢画绘制、民间杂耍等各种民间技艺展示；有各种商品交易活动，如旅游工艺品、特色食品、土特产品、手工制品、文化产品等，琳琅满目，气氛活跃；特别是到了近年，还增加了许多旅游活动、文艺演出活动、投资洽谈活动、经济社会成就展示活动、现代工业产品宣传活动等，千年庙会呈现出现代化、时代化、时尚化气息。

　　特别是近年来，通过精心策划，科学组织，有效宣传，庙会活动影响广泛，每年有 100 余万人参加。尤其来自东南亚、日本、韩国、欧美等地的游客参与其中，加强了文化交流，宣传了丰都发展，为建设长江国家文化公园做出了丰都贡献。

● 丰都庙会巡游

第四章

神奇的凤凰文化

凤凰是我国古代传说中的神鸟，中国民俗中的凤凰具有百鸟之王称号，同时还富有兆瑞、秉德、寓情、驱邪等神性，是祥瑞、爱情、民族文化的象征。凤凰崇拜起源于鸟崇拜，是鸡崇拜的丰富和发展。凤凰的形貌、名字、雌化、寓意，以及对其崇拜的文化内涵，与龙文化一起，在中华传统文化中具有崇高地位。它是一种重要的民间信仰，是中华民族想象力的杰作，是中华民族的优秀文化遗产。

丰都"凤凰文化"是以丰都汉代出土文物"巴渝神鸟"为载体的传统文化在丰都文化中的体现，"凤凰文化"承载了丰都人民祈求吉祥平安，踔厉奋发，建设美好丰都的愿景。具有凝聚力量、鼓舞人心、振奋精神的积极作用。

第一节
丰都凤凰传说与相关地名

"凤凰于飞，翙翙其羽，亦集爰止。"在中华大地上凤凰传说故事不计其数，在古老的丰都也同样流传，包括丰都的一些地名，都与凤凰文化息息相关，充分地说明凤凰文化在丰都民间扎根已久，在人民心中早有共识。

一、太平仙境凤凰山

天下太平，人间仙境。有"重庆夏都，巴渝雪城"之誉的太平坝乡，美丽的自然环境，独特的地理优势，宜人的气候条件，吸引着各地游客前来养生休闲。这是一个美好的地方，同时也是流传很多故事的地方。其中凤凰山的故事就非常动人。

很久以前，太平遭遇特大干旱，河水断流，草木皆枯。人们只能以树根为食，很多人因饥渴而亡。无奈，人们聚集跪地祈祷，祈求龙王降雨，可天空依然烈日当头，徒劳无功。叹息声、哭泣声，混成一片……

"各位乡亲不要哭，我有办法！"一个稚嫩而有力的声音从人群

● 太平凤凰山

中传出。惊诧的人们循声望去，原来是年仅七岁的金凤姑娘，众人刚燃起的希望瞬间又破灭了。一位长者宽容地问：小金凤，你有什么办法？小金凤道出原委。原来就在前一天晚上，小金凤熟睡中，一位白须垂胸、鹤发童颜的老者来到金凤面前，交给她一只小葫芦，叮嘱她用小葫芦到长江与龙河的交汇口取水，到茅林沟的老龙洞焚香祈求，方能降雨，并再三告诫，只能她一人前去。说完，老者飘然而去。小金凤醒来，枕边多了一只金光闪闪的小葫芦。众人听说有了降雨的办法，无不欢呼雀跃。可是，从太平到丰都要经过很多悬崖深谷、激流险滩，年仅七岁的小金凤怎能经得住如此长途跋涉。可小金凤斩钉截铁地说："只要能拯救父老乡亲，再苦再累我也能坚持，就是付出生命我也要取回来。"就这样，在众人的热泪中小金凤告别乡亲，独自踏上取水之路。

翻山越岭，蹚水过河。历经万苦千辛，走了七天七夜，终于到达了长江与龙河的交汇口。小金凤刚用小葫芦取满水，突然江面巨浪翻滚，长江的水怪冲出水面阻止金凤取水。惊恐不已的金凤急忙往岸上奔跑，水怪拼命追赶，并用兵器刺向金凤，情急之下小金凤奋力往上一跳，忽然变成了一只美丽的凤凰飞向天空，水怪见凤凰即将飞去，一把抓住凤凰的尾巴，并用兵器刺伤了凤凰。身受重伤的凤凰拼命往南飞，尾巴被扯断后掉在了江中。好不容易挣脱的凤凰忍着剧痛，用最后一口气飞过七曜山白岩就跌落在了山脚下，小葫芦掉在地上顿时涌出一潭清泉，人们用它饮用浇灌，世人得救，而凤凰永远地躺在了山脚下，她的身体化为现在的凤凰山，那潭清泉便是现在凤凰山前的凤凰潭。

二、龙凤庇护包鸾镇

包鸾镇地处丰都县城南，境内有老龙河与龙井湾两条河流。龙井社区居民委员会在包鸾镇西北角，东侧临包鸾村，西侧临花地堡村，南至新溪村，北抵鸽子坝村，因境内龙井湾而得名。2007 年，撤并村后成立居委会取名为龙井社区居民委员会。

包鸾镇内森林密布，层峦叠翠，号称天然氧吧，包鸾河、飞仙洞河、老龙洞是丰都老百姓的后花园。相传此地的驻守神仙是龙神，包鸾河上的龙井湾是仙人喝水的地方，龙井湾请"龙神"很灵，每逢久旱无雨，四周的百姓就会敲锣鸣炮，烧竹焚香，到龙井湾来请龙神降雨。传说有一次，干旱无雨达半年，老百姓又来龙井湾请"龙神"降雨，一连请了 7 天都不见效。正当人们将要放弃时，看见天上飞来一只非常大的五彩凤凰，并且高鸣着，然后出现一团熊熊大火，凤凰飞向火中,焚烧自己。正当人们被烈火烤得受不了的时候,突然烈火随风散去,巨龙腾空, 顿时天空雷鸣电闪, 倾盆大雨。后来听长者说, 原来是凤凰在修炼, 要浴火重生才能得道成仙, 这必须干旱数月才能达成条件,烈火才能形成, 所以我们才干旱数月。龙神为帮助凤凰成仙, 在那段时间也没有施道布雨, 终于在凤凰浴火重生后第一时间赶来布雨。凤凰为感谢当地百姓的相助, 成仙后一直庇佑当地百姓。后来, 人们将这地方命名包鸾镇。

龙王的及时布雨没有给老百姓造成水灾, 又帮助了凤凰成仙, 当地百姓非常感激, 将一条河流命名为老龙洞河, 另一条河流中请龙神的地方叫龙井湾。现在该地区称为"龙井社区"。

三、凤凰嘴题刻

凤凰嘴题刻, 位于龙孔乡凤凰村观音庙, 是一处清代题刻。现题刻已全部淹没于长江水下。

"凤凰滩"三字就刻于凤凰嘴, 该题刻为清咸丰壬戌(1862)科举人何荣樾书, 字高 0.96 米, 字距 0.25 米。字体为行楷, 笔力雄浑遒劲, 上款"大清光绪元年(1875)孟春月上浣", 落款"郡举人何荣樾书", 均为楷书题款, 是不可多得的书法佳品。1987 年, 丰都县将其列为第三批县级文物保护单位。2001 年, 三峡水库蓄水后淹没于水下, 在 146 米水位线左右。如果持续高温, 干旱少雨, 可见题刻。

据村民介绍, 凤凰村因凤凰得名, 由来已久。传说古有金凤吸水于此。凤凰头在龙孔镇凤凰村, 身在龙孔镇大面场村, 尾在龙孔镇金台子村。自古是风水宝地, 古今墓葬众多。新中国成立后为解决人民群众生产生活用水，拆迁墓葬，用条石垒起水渠，水渠犹存。

四、凤凰踊遗址

凤凰踊遗址，位于龙孔镇凤凰村 3 社长江南岸的一级台地，分布面积 90000 平方米，文化层厚 1 米，1992 年由四川省文物考古研究所三峡库区地下文物调查组发现，1993 年、1994 年复查，2001 年由湖北省宜昌博物馆发掘。出土红、灰褐色夹砂绳纹陶片及宋代冶炼堆积炉渣，冶炼罐等器物，其中还出土有战国时期古墓陪葬品。该遗址为研究汉代聚落址、宋代冶炼工艺、战国晚期至汉代时期本地文化序列等，提供了重要依据。2010 年 7 月 13 日被丰都县人民政府公布为第四批县级文物保护单位。遗址淹没于长江水下。

五、凤来社区

青山绵延峻似龙，有凤来仪韵如故。凤来社区位于暨龙镇。凤来社区的凤来寓意是"凤凰来到"。这个命名其实跟一位巾帼英雄有关，她就是明朝时期声名显赫的女将军——秦良玉。

秦良玉常住丰都邻县石柱县，战斗、生活之余，她多次来到丰都凤来休闲，享受这里美好的自然风光。为了纪念她，人们就把这个地方叫作凤来。凤凰来到，筑巢而居，同时也说明这里有灵气、神气，祖辈们津津乐道的故事在凤来口口相传。

在凤来社区，沿着暨龙河，自西向东，依山而建有一个古老的院落叫黄家大院，距离暨龙场镇五百米，足有八十几户人家，是丰都保存得比较完整的传统村落。

六、銮驾山

《山海经》："女床之山，有鸟，其状如翟，名曰鸾鸟，见则天下安宁。"《说文》："鸾，神灵之精也，赤色五彩，鸡形，鸣中五音。"《禽经》曰："鸾，瑞鸟，一名鸡趣，首翼赤，曰丹凤；青，曰羽翔；白，曰化翼；玄，曰阴翥；黄，曰土符。"所以，鸾代表凤凰，是至高无上的象征，皇帝的车马又叫龙辇、鸾驾龙辇，都是取其高贵的含义。

銮驾山海拔 1998 米，是丰都县境内的最高峰。进入南天湖景区便可看到此山。这里的生态旅游资源十分丰富。集原始林竹、岩溶绝壁、天坑地缝、高山湖泊、草坪绿洲于一体。相传玉皇大帝携眷出道南天门，銮轿驿站其间（故又名銮驾山）。王母为取悦玉帝，指川成湖，南天湖由此得名。南天湖景点密布，风物众多。看，有天坑地洞的惊险奇观；赏，有茫茫林海的天然风光；行，有林间幽径的自然情调；食，有山珍野味的乡土风味；住，有清新宜人的山野韵致。在銮驾山的顶部，有一个天然湖泊"天湖瑶池"，相传是王母娘娘随玉皇大帝出行时，在銮驾山上居住的地方。天湖瑶池神奇之处就在于终年清澈，从不干涸。若天气甚好，站在銮驾山峰顶，可以向东遥望南天门。南天门是"天庭"的正门，位于"九重天"之上，直通玉皇大帝的灵霄宝殿。玉皇大帝出行，经过南天门，到达銮驾山。

第二节
丰都凤凰文化

自白帝少昊开始，凤凰就成为华夏文明重要的图腾之一，与龙图腾一道影响华夏文明五千余年。丰都曾为"巴子别都"，是巴文化的重要承载地，见证了巴文化融入、影响、传承华夏文明的光辉历史，丰都凤凰文化是巴文化受华夏文化影响的有力佐证。

一、巴楚文化相互交融

《华阳国志·巴志》载，大禹在会稽会盟天下诸侯，手持玉帛等宝物的诸侯国有很多，巴国、蜀国也前往会盟。《华阳国志·巴志》："周武王伐纣，实得巴蜀之师。"《左传·昭公九年》："及武王克商……巴、濮、楚、邓，吾南土也。"《山海经》载："西南有巴国。"先秦时期，巴人的活动区域就有今湖北省西部。《山海经·中山经第五》载，以荆山为首的鄂西众多山脉，其野兽多虎豹。而以眠山为首的四川、重庆一带，诸山脉同样多出虎豹。《后汉书·南蛮西南夷传》载"秦昭王时，有一白虎，常从群虎数游秦、蜀、巴、汉之境，伤害数千人。"在猛虎出没的环境中，巴人逐渐形成了对老虎的图腾崇拜，在三峡考古发掘等诸多出土文物可以印证。

战国时期，巴楚相争，巴国势弱，遂由湖北进入四川东部，楚文化也随之进入巴渝地区。《蜀中广记·风俗记》称："江州（重庆）以东，滨江山险，其人半楚。"巴楚两国在长期的政治经济交流、民众频繁往来，甚至战争中，巴楚文化相互交融，自然地，楚文化也影响着巴文化的发展。出现了巴文化、楚文化你中有我，我中有你的现象，直到现在，巴楚文化还有很多交融之处。在湖北江陵出土的虎座凤架鼓，可说是最富寓意的巴楚文化融合的典型器物，反映出巴楚两个民族和睦的文化寓意。

二、巴渝神鸟具有特殊意义

《山海经·海内经》载："太皞生咸鸟，咸鸟生乘厘，乘厘生后照，后照始为巴人。"太皞，又作太昊，是古代东方天帝。太皞也号伏羲氏，是中国传说中华夏部落的首领，是炎帝神农氏和黄帝轩辕氏的共同祖先。咸鸟、乘厘、后照，依次为太皞之后人，而后照即为巴人之始。《山海经》中关于鸟的记载有凤鸟、皇鸟、鸾鸟等，其中"凤皇（凰）"居多。"咸鸟"既是人，也是神。巴人为咸鸟之后，咸鸟乃凤凰之属。

《华阳国志·巴志》称："巴子时，虽都江州，或治垫江，或治平都，后治阆中。"（江州即重庆渝中，垫江即重庆合川，平都即重庆丰都）在漫长的历史长河特别是历史文化交融发展中，作为巴文化主要承载地之一的丰都，也逐步形成了独特的地方民俗文化，其中具有"吉祥、平安、富贵、奋飞"的时代价值的凤凰文化是其重要的内容之一，也是丰都文化的"红宝石"。被誉为"巴渝神鸟"的东汉陶鸟型文物就是见证丰都"凤凰文化"的重要文物遗珍。

2001 年，三峡文物保护工程考古工作队在丰都县关田沟毛家包墓地 11 号东汉晚期墓葬出土了一件"陶鸟形器座"，现藏重庆中国三峡博物馆，该文物为夹细砂红陶，高 31.8 厘米。其鸟勾喙、口含圆珠、头顶圆盘、平展双翅，蹼足三趾，翘尾已残，盘下及尾部均见残断痕，头顶一穿眼，造型独特，做飞翔状。

　　重庆市文物考古研究院院长白九江、研究院专家范鹏，围绕巴渝神鸟（M11:26，出土器物编号，下同）、红陶器座（M11:33）、西王母器座（M11:58）、陶马（M11:57）等 4 件出土品的位置关系，通过对比同时期川渝地区汉代画像材料，认为巴渝神鸟与凤鸟相同。寓意仙界象征和引导求仙，与天门和西王母有着密切联系。红陶器座上的兽首人物应为守卫天门的开明兽，正中的长方形孔，形象与画像中的"半开门"类似，是神灵居所的实物化载体；西王母器座与陶马应可

● 巴渝神鸟

拼合为一件器物，器座所表现的为西王母及昆仑山，寓意为求仙主神及其所在的仙境；陶马的形制与汉墓中作为明器的陶马形制不同，与西王母及昆仑山表现在同一件器物上，表明其应为求仙过程中翻越昆仑山的天马。若将巴渝神鸟、半开门及开明兽"器座"、天马及西王母"器座"联系到一起，这组器物均是围绕这一时期的求仙这一主题而设计，与同时期的四川盆地汉代画像一样，是求仙思想在丧葬行为中的实物载体，寓意葬者通过求仙获取长生的强烈夙愿。

西南大学地理历史研究所所长、博士生导师蓝勇教授认为："火凤凰（咸鸟）是与虎、鱼等一样为早期巴人的图腾之一，在某种程度上讲，巴人对火凤凰（太阳鸟）的崇拜可能更早一些，其中蕴含着深厚的巴渝文化根基。""火凤凰"即"太阳鸟"，"火"的精神体现了古代巴人的性格，"火"的文化正是巴渝的特色文化

2002年6月，该文物修复后，作为三峡地区特别是重庆直辖后的重要文化载体和文化符号，参加在香港举办的"重庆活动周"之《长江文明的华彩乐章——三峡文物保护成果展》活动。时任重庆市市长包叙定认为该文物象征着重庆的腾飞，是重庆历史和文化的标志形象，建议命名为"巴渝神鸟"，并要求文学、哲学、历史、考古、文物和艺术等方面的专家挖掘"巴渝神鸟"的文化内涵。而今"巴渝神鸟"已是重庆中国三峡博物馆镇馆之宝之一。

三、凤凰文化的价值与意义

凤凰是中国古代传说中的神鸟，自古以来中华民族是一个崇凤、爱凤的民族。凤文化源远流长，有着丰富的内涵。《说文·鸟部》释曰："凤，神鸟也。天老曰：凤之象也，鸿前麐后，蛇颈鱼尾，鹳颡

鸳思，龙文虎背，燕颔鸡喙，五色备举。出于东方君子之国，翱翔四海之外，过昆仑，饮砥柱，濯羽弱水，莫宿风穴，见则天下大安宁。"本义为雄的称凤，雌的称凰，通称为凤或凤凰，是古代传说中的百鸟之王。凤的形象是人们在社会生活中经过长时期的形象演变，运用形象思维的方法创造出来的典型。凤文化的源头是原始先民对于神秘自然的崇拜，更重要的是凤文化所蕴含的深层含义，即对于我们的民族品格、思维模式及当代社会带来了积极影响。

（一）凤凰兆瑞。《山海经·南山经》云："又东五百里曰丹穴之山，其上多金玉，丹水出焉，而南流注入渤海。有鸟焉，其状如鸡，五采而文，名曰凤凰。……是鸟也，饮食自然，自歌自舞，见出天下安宁。"作为一种代表吉祥的吉祥鸟，它代表天下大治，是天下太平的象征。在《韩诗外传》中也有记载，天下越太平，凤鸟停留的时间也就越长。汉代凤瑞频出。赵翼《廿二史札记》有云："两汉多凤凰。而最多者，西汉则宣帝之世，东汉则章帝之世。"《太平御览》卷九百十五引《汉书》曰："昭帝始元三年，凤凰集东海，使祠处……又曰宣帝幸河东之明年春，凤凰集翔……又曰凤凰集上林，乃作凤凰殿以答嘉瑞。"《汉书·宣帝纪》对凤凰祥瑞的记述多达十余处；《宋书·符瑞志》亦记载自汉昭帝到献帝，凤凰屡见。凤兆祥瑞传至唐朝，《唐令拾遗·仪制令第十八》第十二条记载："诸祥瑞应见，若麟、凤、龟、龙之类，依图书合大瑞者，随即表奏。"丰都县素以 1000 年鬼城、2000 年县城、5000 年凤凰城闻名。作为道教七十二洞天福地之一，丰都既有道教文化的长久熏陶，又有以国家级非遗"丰都庙会"为主的祈福礼俗传统，祥瑞之气流淌千年，凤凰兆瑞顺应丰都人民对美好幸福生活的向往和憧憬。2001 年，丰都高家镇秦家院子烟墩堡墓群出土了一件珍贵的文物——汉代巴渝神鸟。寓意丰都凤凰文化源远流长，丰都人民早已把凤凰当作心中的瑞鸟，象征丰都太平繁荣。

（二）凤凰秉德。凤凰因其独特的神性，成为高洁的人格象征。《山海经·南次三经》云："首文曰德，翼文曰义，背文曰礼，膺文曰仁，腹文曰信。"人间的五种最崇高的德行与凤凰相连，谓之"凤德"。士人皆以凤为楷模，又因"君子比德于玉"，所以男子多佩戴玉凤饰物，时刻提醒自己注意德行操守。历史上也常把贤德之人比作凤凰，从史书记载可以查考的，首推孔子，《庄子·人间世》载：孔子适楚，楚狂接舆游其门曰："凤兮凤兮，何如德之衰也！来世不可待，往世不可追。"以凤喻人，常常比喻才德兼备之人。《后汉书·循吏列传·边凤》有云："时考城令河内王涣，政尚严猛，闻览以德化人，署为主簿。谓览曰：'主簿闻陈元之过，不罪而化之，得无少鹰鹯之志邪？'览曰：'以为鹰鹯，不若鸾凤。'涣谢遣曰：'枳棘非鸾凤所栖，百里岂大贤之路？'"守望相助、诚信重礼、敦亲睦邻等品德都是遍行于丰都大地上的优良传统文化，孝善之道尤以为贵，世人称为孝善高地，孕育了无数孝善儿女：为妻为媳，至善至诚，无怨无悔，堪当脊梁的丰都县"十大孝善人物"舒仁秀；命运多舛，从不低头，男儿双肩，力扛千钧的周先国；不慕奢华，不惧困苦，"婷婷"玉立，坚毅刚强的重庆"孝老爱亲"重庆好人何婷婷，中国好人榜人物、感动重庆十大人物陈星银等，都是丰都人所称道的品德榜样，更是千百年来丰都大地上受凤凰文化熏陶孕育出的代表。

（三）凤凰唯善。凤凰结合了众多鸟类特征的基础神化而生成，是合起来的神物。古人认为，一切事物中都存在着既对立又统一的事物，称之为"阴阳"，而凤凰就是阴阳的结合，凤是凤凰的总称，当凤凰两字排列，凤是指雄性凤鸟，是凤凰中最美丽、最完整的禽鸟，色彩在五彩缤纷中偏向红色。当凰字单一排列，则是雌性凤鸟，它和凤的区别是翅下没有凤胆，体形也较凤略小，有的没有凤冠或是凤冠较小。凤凰因"和"而生，由"合"而成。丰都人崇尚"唯善呈和"。认为唯善才能呈和，与人为善，以和为贵是丰都人最看重的品德和生存智慧。大善无言，润物无声，漫漫历史长河中，唯善呈和的精神内涵，影响着一代又一代丰都人，相继涌现出义务救火十余载的"民间消防队长"王伯康、为迷路婆婆当"靠背"的民警王宇、为社区群众奔走二十余年的老公安白丽蓉等"中国好人"，"唯善呈和"已逐渐凝练升华为这座"凤凰之城"的共同价值观，将这种充满正能量的文化代代相传。

（四）凤凰奋飞。凤凰本身就是"雄为凤，雌为凰"。《诗经·大雅·卷阿》曰："凤凰于飞，翙翙其羽。"凤凰的造型多是双凤对舞，振翅欲飞，有腾空之势。凤是鸟崇拜的产物，绝大多数的鸟类喜欢温暖、喜爱阳光，作为百鸟之王的凤，凤凰具有"向阳奋飞"的象征。鸟类化身的凤，在飞向太阳、获取温暖和力量的过程之中，也就等于飞上了蓝天，向着太阳的方向在天空翱翔。凤凰身上闪耀着"不畏艰辛、坚韧不拔、义无反顾"的进取精神，凤凰奋飞体现了丰都人民的精神风貌。建设美好幸福丰都，提高人民生活品质，成为当代丰都人的追求和使命。

四、凤凰文化传承

"巴渝神鸟"承载的凤凰文化和以鬼城名山所承载的"鬼城文化"是丰都文化的两大瑰宝，是丰都文化的"红宝石"和"黑珍珠"。推动优秀传统文化创造性转化、创新性发展，是每一个丰都人义不容辞的责任。

（一）形成文化共识。2021年12月，丰都县第十五次党代会提出，要充分发挥丰都传统文化的积极作用，擦亮"黑珍珠"、绽放"红宝石"。

2022年5月，丰都县委县政府召开城市文化品质提升专题研讨会，形成《2022丰都共识》："黑珍珠"就是以鬼城为载体的"丰都鬼城文化"，是中华传统文化中的一朵奇葩，是融中华传统文化儒、释、道三学与民间信仰于一体的文化形态，是中华传统文化的有机组成部分和独特表达方式，至今仍有"扬善、惩恶、公正、和美"的时代价值。"红宝石"就是以巴渝神鸟为载体的"丰都凤凰文化"，是中国传统文化中凤凰文化在丰都的具体体现，是丰都对中国、对重庆最宝贵的馈赠，也是让丰都走出纠结、重新骄傲的吉祥鸟，具有"吉祥、平安、富贵、奋飞"的时代价值。丰都鬼城文化与凤凰文化具有共同的历史价值，它们都是在丰都本土产生的原生文化，是历经千年凝结而成的丰都光彩；具有共同的文化价值，它们都是中华优秀传统文化的一分子，是文化遗产中的瑰宝；具有共同的时代价值，它们彰显了社会主义核心价值观，是推进社会发展的积极向上的民间文化。这"一黑一红""一阴一阳"，是丰都民间文化的"双核"，是丰都民间文化的突出代表，定将在新时代发挥积极作用。

（二）创意传承发展。丰都县举办"天下名山·平都福地"祈福文化节。采取"文旅主导、商贸唱戏、企业主体、市场运作"模式，围绕祈福、纳福、送福、享福、惜福、幸福六大篇章，通过创意《凤凰飞升舞》、凤凰飞升光影秀等活动，汇聚人气、带动发展。凤凰飞升光影秀充分利用小官山、双桂山、五鱼山、名山四座山的原有市政亮化设施与新打造的山体激光秀，着眼于长江二桥、南北两岸及五云

● 丰都县首届祈福文化节（凤凰飞升）

楼建筑等进行精彩的光影演绎。

　　活动通过创意凤凰飞升光影秀，植入无人机表演，融入丰都历史文化，植入 NPC 互动，把鬼城民俗文化的典型人物带到观众身边，同时，借助科技手段表达传统文化，受到游客和广大市民的欢迎。

　　在悠扬的祈福钟声中，领略全国首个集激光表演、情景演绎、数字多媒体于一体的凤凰飞升光影秀，感受丰都五千年凤凰城、两千年洞天福地的人文魅力。经典神话人物在名山景区巡游，共享祈福大典，感受中华民族传统礼制，领略丰都祈福文化。一是"丰福、桂福、禄福、苏福、文福、安福、逸福、红福"新春八福集福游；二是"丰花夜影"光影美陈展；三是"前兔似锦"彩灯展；四是"步步高桂"登高祈福活动；五是"兔飞猛进"文庙状元桥祈福活动；六是"兔个吉祥"杂耍表演。经典神话故事人物快闪巡游。组织召开丰都文化国际交流研讨会，邀请境外专家学者、文化领域先锋、历史研究协会、政企高校领导、优质品牌商家、文旅策划专家，共同围绕丰都文化与生命哲学开展研讨。开展年货节，品丰都牛肉、尝非遗麻辣鸡，农特产品、特色年货一站购齐，祈福吉祥物、祈福文创全面登场。

丰富的文学艺术

长江是文学艺术的圣殿，丰都独特的文化载体，成为历代文人墨客歌咏的重要场景。除文献典籍所记录的丰富资料之外，其留下的诗词文赋、书画碑刻，其所形成的民间文学、民间艺术，琳琅满目，异彩纷呈。

溪流江河、田野山林，造就了丰都既有江河行船、抬石开山的劳动号子；又有生产狩猎、薅草薅秧的歌舞民乐；既有个性鲜明、兼收包容的方言谚语、故事传说，又有历史悠久、世代传承的民间技艺、传统戏剧。

尤为突出的是，作为历代四川民间宗教信仰的中心，丰都道教、佛教与民间信仰糅为一体，宣扬民间信仰的诗词文赋、书画碑刻数量繁多、绚丽多姿；传播鬼神信仰的志怪笔记、叙事作品，俯拾皆是，屡见不鲜。而古往今来，历代名人雅士纷至沓来、登临拜谒，更是留下了无数名篇佳作、广为传扬。

第一节
古代诗词

　　丰都作为长江上游的一道亮丽的风景线，唐代以来，平都山、双桂山等已是颇为知名的游览胜地，吸引了白居易、段文昌、李商隐、杜光庭、苏洵父子、陆游、范成大等众多文化大家，留下了大量诗文和美好传说。明万历年间《平都山志》中记载的诗就有295首。到如今，虽然没有进行过完整的统计，其诗词一定数量可观、精品亦见丰富。

　　最早描写丰都的诗，是唐代青城山一位不知名的道士《平都山》，平都山的险、秀、奇被诗句演绎得淋漓尽致。

　　其诗曰：

　　　　万仞峰峦插太清，麻姑曾此会方平。
　　　　一从宴罢乘云去，玉殿珠楼空月明。

　　传说，道教丹鼎派祖师、八仙之一的纯阳子吕洞宾，也曾有诗《平都山留题》，美丽的风景加上奇幻的传说，引得四方游客纷至沓来。

　　其诗曰：

盂兰清晓过平都，天下名山总不如。

两口单行谁解识，王阴空使马蹄虚。

一鸣白鸟出青城，再谒王阴二友人。

口口惟言三岛乐，抬眸已过洞庭春。

唐代诗人白居易，任忠州刺史之时，曾在南宾县（即丰都县龙河镇）写下了《九日题涂溪》《春至》等诗。

九日题涂溪

蕃草席铺枫叶岸，竹枝歌送菊花杯。

明年尚作南宾守，或可重阳更一来。

春　至

若为南国春还至，争向东楼日又长。

白片落梅浮涧水，黄梢新柳出城墙。

闲拈蕉叶题诗咏，闷取藤枝引酒尝。

乐事渐无身渐老，从今始拟负风光。

《丰都县志》载："嘛哂酒，农家以米合杂粮酿成，分贮小甏。用时浸以沸水，插竹管于甏中吸之，一甏足供豪饮十余人。相传为白香山谪忠州时创制。诗云'闷取藤枝引酒尝'，即谓此也"。亦可见白居易对丰都之情深。

唐代诗人杜光庭亦有诗《题仙都观》：

> 往岁真人朝玉皇，四真三代住繁阳。
>
> 初开九鼎丹华熟，继蹑五云天路长。
>
> 烟锁翠岚迷旧隐，池凝寒镜贮秋光。
>
> 时来白鹿岩前后，应许潜通不死乡。

唐代诗人李商隐虽然没有来过丰都，但他在《送郹都李尉》中，表达了对丰都的一种感知。其诗云：

> 万古商於地，凭君泣路岐。
>
> 固难寻绮季，可得信张仪。
>
> 雨气燕先觉，叶阴蝉遽知。
>
> 望乡尤忌晚，山晚更参差。

在众多记录下来的诗词中，当属苏东坡的《题平都山》最为惊艳。苏轼与丰都的邂逅发生在仁宗嘉祐四年（1059），他第二次出川。第一次出川，是与弟随父从四川眉州赴汴京参加科考。第二次出川，父子三人沿长江顺流而下。当船过丰都时，三人惊叹两岸旖旎风光，于是离船上岸。上岸后听闻人们在讲着一件奇事。说是前一夜，从与平都山毗邻的双桂山传来阵阵鹿鸣，人们闻声上山，发现一只白鹿在树林腾跃，大家欣喜若狂，一路追赶到树林尽头却不见白鹿踪影。只见一位白发老翁坐于石上，手抚银须，说："明日将有圣人到此。"大家将信将疑，于是齐聚江岸观望，不想迎来了苏家三父子。苏洵父子大

● 三苏塑像（双桂山）

为惊奇，于是苏轼赋诗《仙都山鹿》：

> 日月何促促，尘世苦局束。
>
> 仙子去无踪，故山遗白鹿。
>
> 仙人已去鹿无家，孤栖怅望层城霞。
>
> 至今闻有游洞客，夜来江市叫平沙。
>
> 长松千树风萧瑟，仙宫去人无咫尺。
>
> 夜鸣白鹿安在哉，满山秋草无行迹。

　　其父苏洵也在《仙都山鹿并序》里，用不足百字讲述了自己经历的趣闻，称："余闻而异之，乃为作诗。"并题诗：

客来未到何从见，昨夜数声高出云。

应是仙君老僮仆，当时掌客意犹勤。

当苏家父子登上平都山最高处，看着脚下滚滚长江浩浩荡荡、奔流不息，对岸巍巍群山连绵起伏、层峦叠翠，22 岁的苏东坡意气风发，泼墨挥毫，写下《题平都山》两首：

(一)

足蹑平都古洞天，此身不觉到云间。

抬眸回顾乾坤阔，日月星辰任我攀。

平都天下古名山，自信山中岁月闲。

午梦任随鸠唤觉，早朝又听鹿催班。

(二)

山前江水流浩浩，山上苍苍松柏老。

舟中行客去纷纷，古今换易如秋草。

空山楼观何峥嵘，真人王远阴长生。

飞符御气朝百灵，悟道不复诵黄庭。

龙车虎驾来下迎，去如旋风搏紫清。

真人厌世不回顾，世间生死如朝暮。

学仙度世岂无人，餐霞绝粒常辛苦。

安得独从逍遥君，泠然乘风驾浮云，

超世无有我独存。

《尚书·虞书》曰："诗言志，歌咏言。"《礼记·乐记》也说："诗，言其志也。"苏轼满腔的抱负和对仕途的憧憬化作诗句"抬眸回顾乾坤阔,日月星辰任我攀",喷薄而出,豪放、洒脱。同时,也因一句"平都天下古名山",丰都平都山从此被人们改称为"名山",一直沿用至今。

宋代诗人陆游、范成大、冯山也曾写下赞美丰都的诗。陆游奉命赴前线抗金救国,逆水而上,路过丰都,写下《平都山》:

> 名山近江步,蜡屐得闲行。
>
> 奔鹿冲人过,藏丹彻夜明。
>
> 唐碑多断蚀,梁殿半敧倾。
>
> 洞口云常涌,檐牙柏再荣。
>
> 行逢负笼客,卧听送船声。
>
> 乞我诛茆地,灵苗得共烹。

范成大在《吴船录》中记录了其入蜀的故事,也以"峡山逼仄岷江溁,洞宫福地古所铭"等诗句,展现平都山险峻奇美的景象。同代诗人冯山也有诗《丰都观》"修廊转空曲,古殿冠绝顶。汉柏抚骨立,唐碑独孤挺。高踞自轩溪,遐追若俄顷"来描写出平都山的幽。

平都山的平都春晓、流杯池泛、白鹿夜鸣、青牛野唉、龙床夜雨、送客晴澜、珠帘映日、月镜凝山,被称为"丰都八景",也有不少文人为之吟咏。

明永乐年间,曾任四川按察使司佥事的曾鼎,最早提出"丰都八景",并为之作诗。目前存诗虽不完整,但也留下四首,可以一观。

白鹿夜鸣

白鹿知何代，空山月夜鸣。

至今岩畔路，犹见紫芝生。

月镜凝山

空潭澄皓月，孤影落前川。

夜半银蟾浴，青鸾下九天。

珠帘映日

一帘秋草碧，倒映大江流。

日暮浮云卷，青天挂玉钩。

送客晴澜

送客晴澜上，停杯发棹歌。

水流无尽处，还似别情多。

民国 16 年《重修丰都县志·艺文志》中记载，清末丰都县知事郎承诜《丰都八景》诗，最为全面地描述了"丰都八景"的绮丽风光。

平都山晓

名山岁月等闲过，富贵何人醒梦婆。

清磬一声天宇白，五云佳气晓来多。

流杯池泛

而今不是永和年，觞咏依然上巳天。

水面桃花杯底月，湾环一溜送君前。

白鹿夜鸣

苹野秋高任客行，坡仙去后寂无声。

何时再报嘉宾至，月夜空山试一鸣。

青牛野啖

呼龙和雨自眠烟，饱历沧桑郭外田。

不向关门迎紫气，满山春草碧年年。

龙床夜雨

夜夜滩声作雨声，几经磨洗石床平。

日来更觉风涛险，一卧沧江总不惊。

送客晴澜

碧云揩净晓烟收，客自观澜水自流。

我佛多情无一语，年年江上送行舟。

珠帘映日

日轮碾出满山红，倒映珠帘入镜中。

世界大千多黑暗，光明独让水晶宫。

月镜凝山

葫芦溪上白茫茫，双镜空明分外光。

好看嫦娥相对影，四山围住水中央。

第二节
古代文赋

　　正如前节所述，歌咏丰都的诗句大都与平都山相关，文赋也是如此。丰都宗教信仰由来已久，佛释道三教同山，神明荟萃，盛况空前。到明代中后期，平都山上的宗教建筑更是深殿重重，布局井然。各朝各代记录重建和复兴的文赋颇多。同时，因丰都鬼城的特殊文化内涵，而通过文学塑造描写的就更多。

　　平都山因阴长生、王方平在此得道升仙而传播开来。世称小仙翁的东晋道学理论家葛洪，非常敬重阴长生这位师祖。葛洪《神仙传》中有《阴长生》一文，详细描述了阴长生生平、学道、得道的修仙过程，也道出了古人梦寐以求的求仙精神。其文曰："阴长生者，新野人也，汉皇后之亲属。少生富贵之门，而不好荣贵，唯专务道术。"相传阴长生为东汉和帝永元八年 (96) 所立皇后阴氏之曾祖，新野（今属河南）人。生于富贵之门而不好荣位，潜居隐身，专心修习道术。

　　又曰："闻马鸣生得度世之道，乃寻求之，遂得相见，便执奴仆之役，亲运履之劳。鸣生不教其度世之法，但旦夕别与之高谈，论当世之事，治农田之业，如此十余年，长生不懈。同时共事鸣生者十二人，皆悉归去，唯长生执礼弥肃。"

阴长生向马鸣生拜师过程很是艰辛。为求师问道，阴长生不惜像奴仆一样侍奉马鸣生，而马鸣生只是朝夕与之高谈世务，不教其度世之道。与阴长生一起奉事马鸣生的十二人先后离去，唯有他始终敬礼弥肃。日复一日，二十余年，始终不怠。马鸣生为其所感动，授其《太清神丹经》道义。

还曰："鸣生别去，长生乃归。合之丹成，服半剂，不尽即升天，乃大作黄金十数万斤，以布惠天下贫乏，不问识与不识者。周行天下，与妻子相随，举门而不老，在民间三百余年，后于平都山东，白日升天而去。"

二仙升仙等传说促使名山上修建了仙都观，随后文人名流均纷纷拜谒。唐朝宰相段文昌（773—835），在唐德宗贞元十五年（799）入蜀为官，途经丰都，被平都山风景名胜和历史题刻所动，乃"振衣虔洁"，登山游访，与道士畅谈于古松之下，感受"山光耀于耳目，烟霞拂于襟袖"的山中美趣，并提笔书写了"仙都观"观名。离开后，仍时常挂念仙都观烟霞美景。唐文宗大和四年（830），有人从丰都前往荆州看望调任荆南节度使的段文昌，说到仙都观"观宇岁久，台殿荒毁"，随时可能倾塌。段文昌听后，立即捐出一个月官俸，对仙都观进行修缮。唐文宗大和七年（833）段文昌再次出任西川节度使。当他看到仙都观景物依然，于是"闻泉声而缓步，爱松色而难别"。临别之际，段文昌命人布好纸笔，写下了《修仙都观记》，对平都山风物饱含深情，大加赞赏。此文全文收录于《全唐文》中，位列王象之《舆地碑记目》"豐都景德观唐碑十"之首。

其文曰："平都山最高顶，汉时王、阴二真人蝉蜕之所也。峭壁千仞，下临湍波，老树万株，上插峰岭，灵光彩羽，皆非图志中所载者，昏旦万状，信非人境。贞元十五年，余西游岷蜀，停舟江岸，振衣虔洁，诣诸洞所，石岩灵窦，苍然相次，苔龛古书，依稀可辨。时与道侣数人坐于松下，须臾天籁不起，万窍风息，山光耀于耳目，烟霞拂于襟袖。相顾神悚，若在紫府玄圃矣。牵于行役，不得淹久，瞻眺惆怅，书名而去。迩来已三十四年，太和庚戌岁，自淮南移镇荆门。有客由峡中来者，皆言当时题记文字犹在观宇，岁久台殿荒毁，不出数年，必尽摧没于崖壑矣。乃捐一月秩俸，俾令修葺，子来同力，浃旬报就。去年冬十一月，诏命换麾幢再领全蜀，溯三峡，历旧游，依然景物，重喜登览。闻泉声而缓步，爱松色而难别，遂命笔砚，志于崖谷。时太和七年正月五日，剑南西川节度使、知节度事、管内观察处统辖近界诸彝及西山八国云南安抚等使、金紫光禄大夫、检校尚书、左仆射、同中书门下平章事、兼成都府、上柱国、邹平郡开国公、食邑三千户段文昌记。"

宋王象之《舆地纪胜》中记载："仙都观，在平都山，唐建。宋改景德，又名白鹤观。"正如明代林明俊《重修平都山记》中所说"历汉唐宋元明以迄今，不知几兴废存毁"。在后来的时光里，修缮、称赞平都山之人群星璀璨。明永乐年间，达官蒋夔在《重修平都山景德观记》中写道："览其山水名胜，则左跨黄牛，右萦白马，前临月镜，后拥五鱼。"清康熙时，川湖、云贵总督蔡毓荣撰《修平都山二仙楼记》赞曰："邑有平都山，道书所称洞天福地也。"

疏浚西湖，筑有与苏堤、白堤齐名的杨公堤的丰都籍人士杨孟瑛，字温甫，主撰了丰都的第一部县志，在《丰都志目录序》中也对家乡以如诗礼赞，流传甚广。明代哲学家、教育家王守仁在题杨孟瑛所修平山书院的文章中也有描述。

其文曰："温甫时时为予言平山之胜：'耸秀奇特比于峨眉，望之岩厉壁削若无所容，而其上乃宽衍平博，有老氏宫焉，殿阁魁杰伟丽闻于天下。俯瞰大江，烟云杳霭。暇辄从朋侪往游其间，鸣湍绝壑，拂云千仞之木，荫翳亏蔽书院。当其麓，其高可以眺，其逢可以隐，其芒可以采，其清可以濯，其幽可以栖。吾因而望之以含远之楼，蛰之以寒香之坞，揭之以秋芳之亭，澄之以洗月之池，息之以栖云之窝。四时交变，风雨晦明之朝，花月澄芬之夕，光景超乎千态万状。而吾诵读于其间，若冥然与世相忘，若将终身焉，而不知其他也。'"

同时，也在这篇《平都山书院记》中，对杨孟瑛修平山书院初衷和杨孟瑛的为人大为赞赏。

其文曰："平山，在丰陵之北三里，今杭郡守杨公温甫，早岁尝读书其下。丰人之举进士者，自温甫之父金宪始，而温甫承之。温甫既贵，建以书院曰：'使吾乡之秀与吾杨氏之子弟诵读其间，翘翘焉相继而兴，以无忘吾先君之泽。'于是其乡多文士，而温甫之子晋复，学成有器识，将绍温甫而起。盖书院为有力焉。"

"温甫好学不倦，其为文章追古人而并之。方其读书于平山也，优游自得，固将发为事业以显于世，及其施诸政事沛然有余矣。则又益思于问学，而其间又自有不暇者，则其眷恋于兹山也有以哉。温甫既已成，已则不能忘于成物而建为书院，以倡其乡人。处行义之时则不能忘其隐居之地，而拳拳于求其志者无穷已也。子思子曰：'成己仁也，成物知也。'温甫其仁且知欤！孔子曰：'隐居求志，行义达道。'闻其语也，未见其人也。温甫殆其人也，韭欤？！温市属余记，余未尝至平山。而平山岩岩之气象，崭然壁立不可犯者，固可想而知，其不异温甫之为人也。以温甫之语予者记之。"

　　明代林明俊《重修平都山记》之语，"神仙之说不足以厌之，而幽险深渺之说相继蜂起"。十分有趣。

第三节
民间文学

民间文学是人民大众的文学，是一个地方最为本土的文学。在历史长河中，丰都当地人民在生产生活中，创造了丰富多彩的民间文学。这些内容广泛而真切，表达方式独特，并且体现在各个方面，是丰都原生态文化的再现。

一、丰都方言

方言，是指同一种语言中跟标准语有区别的，只在一定地区使用的话。丰都方言隶属北方言的西南次方言，其语音特点与普通话基本相同，但由于受古音影响，丰都方言的语音在声母、韵母、声韵拼合规律及调值等方面，较之普通话有明显的差异。就连与同为我国西南官话重庆话相比，丰都话都与其明显区别，充满浓厚的本土特色。其发音独特，语调平直，部分日常用语也与众不同。在外地，只要丰都人一说话，知道的就会问：你是丰都人？不知道的也会问：你是哪里人？这话这么独特？

（一）丰都话的特点

1. 与普通话声母相比，丰都话没有舌尖后音，没有舌尖中鼻音，却有唇齿擦浊音、舌根鼻浊音和舌尖前擦音，如把"知""痴""诗"念成"资""雌""丝"，把"南"念成"兰"，把"尿"念成"要"，把"牛"念成"由"等；因个别字发音方式与普通话发音方式不同，导致了语音混淆，如把"造"念成"糙"，把"喷"念成"奋"，把"宿"念成"续"；同时在读音上也出现混乱，如把"虎"念成"府"，把"瑞"念成"岁"，把"彭"念成"盘"等等。

2. 丰都话韵母多数由元音构成，少数由元音加鼻辅音构成，而且，部分丰都话的韵母消失，部分被其他替换，部分音调不同，如把"盐"念成"银"，"县"念成"信"，"国"念成"刮"，"足"念成"局"，"掰"念成"搬"，"钱"念成"情"等等。

（二）丰都方言词汇

丰都县方言词汇大都与普通话相似。但就其词语的主要特点，有义同形不同和形同义不同的差异。如热闹（普通话）称为闹热（丰都话），母鸡（普通话）称为鸡母（丰都话），母子二人（普通话）称为两娘母（丰都话），爷爷（普通话）称为爹（丰都话）等。

选部分较特殊词汇如下：

1. 部分人物称谓

祖父：爹、公。

祖母：奶、婆。

父：爹、大。

母：奶子、母。

父亲之姐妹：姑孃、老子。

母亲之姐妹：姨孃。

外祖父：嘎公、嘎嘎。

外祖母：嘎婆、嘎嘎。

夫之父：随夫称，老人公。

夫之母：随夫称，婆婆娘。

丈夫：娃儿的爹。

妻子：娃儿的妈。

小孩：崽崽、幺瓜儿、细娃儿。

男孩：儿娃子、光脚板、毛儿。

女孩：妹崽崽、妹儿、女崽崽。

干爹干妈：保保、老辈子。

不是当事者：侧闲人、夹（侧）边人。

不讲原则，谁都合得来的人：和事佬、活伙、活甩甩。

说话做事疏忽大意的人：大侉侉。

左右为难的人：磨心。

有权有势的人：三尖石、硬子手、大块块。

办事粗鲁的人：毛三教。

说话不知高低，做事蛮横无理的人：天棒。

说嫂嫂坏话的小姑：黑耳朵、黑耳巴子。

土俗的人：宝器。

呆笨的人：猪脑壳。

不争气的子孙辈：活报应、挨刀砍的。

乞丐：告花子、舔碗匠。

猪牛经纪人：猪偏耳、牛偏耳、猪媒子、牛媒子等。

2. 部分物名称谓及日常用语

公牛：牯牛。

母牛：沙牛。

公狗：牙狗。

母狗：草狗。

公猪：脚猪、郎猪、牙猪。

母猪：窝猪、奶甲。

公羊：羊头。

母羊：羊母。

公鸡：鸡公。

母鸡：鸡母。

小鸡：鸡娃。

公鸭：鸭青。

母鸭：鸭母。

喜鹊：鸦鹊。

蝴蝶：飞蛾。

蝉：吡啦子。

龙卷风：旋头风。

屎壳郎：推屎爬。

蝌蚪：克蚂蚪。

白薯：红苕、番苕。

胡萝卜：蒿子萝卜、焉子萝卜。

马铃薯、土豆：洋芋。

蛇：嘟巴鸡、皮条子。

螳螂：猴子。

狐狸：毛狗。

老鼠：老须子、耗子、耗儿。

斧头：开山。

柴刀：沙刀。

蟾蜍：癞疙宝。

乌鸦：老鸹。

猫：麻妹儿。

蟑螂：灶蚂子。

青蛙：缺蚂子。

南瓜：晃瓜。

莲花白：瓜儿白菜。

稻谷：谷子。

玉米：苞谷。

面条：挂面（mìn）。

爆米花：苞谷炮儿。

后腿猪肉、猪屁股肉：麻兜儿。

衣服裤子上的口袋：夹包儿。

角落：旯旯（kà）。

厕所：茅屎。

楼下：楼脚。

厨房：灶房屋。

山里人：山洋芋宝儿。

背篓：背头（tóu）。

杯子：盅盅儿。

牛圈：牛栏屋。

拐杖：杵耳棍。

镰刀：镰子。

橡皮擦：擦字头。

削笔刀：车笔刀。

开裆裤：衩衩裤。

内裤：摇裤。

背心：架架。

内衣：汗头。

钞票：米米、恁恁儿。

卧室：歇房屋、房圈屋。

旁边：侧面、夹边。

日光灯：电杠。

上面：上头、皮面上、顶上、高头。

下面：透脚、坎脚、下头、独都脚。

里面：里头、以头。

外面：外头、门清。

前面：前头。

后面：后头。

雨伞：撑（chén）花、撑子。

抄手：包面。

女孩的辫子：搭刀儿。

裸体：光把肚儿、光胩（ká）。

水坑：凼凼（dǎng）。

睡觉：困瞌睡。

转身：趔过来。

吃饭：嘁（qī）饭。

干活：做（zú）活路。

等一会儿：等哈哈儿。

探亲：走人户。

送礼：送人亲。

新居落成庆典：入恰（qiǎ）。

中午 12 点：圆（yǔn）钟。

自己：各自高儿。

淘气、不守规矩：千翻儿、腰元儿。

昨天：庄（zuāng）天儿。

满碗干饭：冒儿坨。

丢面子：脏（zāng）斑子。

晚上：黑（hǎ）打、黑了。

买肉：割（gǔo）稿儿。

肥肉：肥稿儿。

小气：夹马夹胀的、贱相完了。

不行了：哟合祸。

这事没办好：空搞舅子灯儿。

原来如此：郎怪郎。

很少：恁丁丁儿。

烫：耐（lāi）。

胡思乱想：想精想怪的。

死皮赖脸不放手：扭倒起费、打不死扭（jiǔ）不干。

送给你：片（pìn）给你。

不回家：不落屋。

拿你没办法：啃你脑壳硬、啃你屁股臭。

哈欠：豁嗨。

美好、很不错：猫煞、日烟儿。

哄小孩不哭或睡觉：诓娃二。

赌气：打别。

气质高：骚冲、日起绷（běng）起的。

思维受阻：脑壳打铁。

不怕事、顽固：铁老壳。

快：麻利、麻溜。

傻：哈（hǎ）撮撮、莽（mǎng）粗粗。

跌跤：达扑爬。

蹲下：哭（kú）倒。

是的：耶呀、嗯哪。

最后：煞角、末后、煞后。

请坐好：好生坐起。

生病：不利扫、不安逸、不巅对。

满月酒：送饭。

汤圆：汤包儿。

脏：挖抓。

骂人：诀人。

客厅：陶屋、堂屋。

这样：恁个。

那样：浪个。

开玩笑：办灯儿。

烤火：向火。

不知道：找不倒。

知道：找得。

好的：要得。

买东西：买家伙儿。

没把握：打飘飘儿。

年少无知：屁巴虫。

吃肉：打牙祭。

怎么办嘛：唧个。

不得了：幺不到台。

晚一点：暗点、暗些。

花样多：灯多、名堂多。

看不清楚：麻雾雾的。

以为：默倒。

无效益：没得着、没得搞头。

做过火：丧德。

哭稀稀：哭稀仍呆。

不诚实：耍滑头。

容易做：粑活。

开始：架墨、排头。

凑数、装样子：配牌。

贿赂：塞包袱。

勒索财物：敲钉锤。

努力：嘿起、展劲。

出坏主意：默烂条。

自高自大：充行市。

欺生：夹暴脚。

巴结有钱的人：舔肥。

说人坏话：糟蹋人。

妥协、不固执己见：打和气牌、活套。

做事不专心：打洋晃。

坐牢：坐鸡圈。

价钱便宜：相应、粑活。

小孩健康成长：利郎。

正好、刚好：恰正。

形容浪费：抛洒。

形容糟糕：挖夹。

（三）丰都歇后语

丰都方言中的歇后语，总体上与普通话和重庆话中歇后语具有一致性，但特殊的地理环境和语音环境，又造就了丰都方言、熟语独特的表达形式。

比如下列丰都流传的歇后语：

孙家营（丰都一地名）的海椒——光大不辣。

茅屎（厕所）坎的石头——又臭又硬。

哑巴吃汤圆——心中有数。

茶壶煮汤圆——倒（道）不出来。

黄鳝爬犁头——绞铧（狡猾）。

光和尚打撑花——无发（法）无天。

癞子脑壳上的虱子——明摆起的。

滥泡田打桩桩——越陷越深。

母猪翻门槛——首先顺肚皮。

腊月三十看皇历——年内无期。

拜子作揖——借势一歪。

纸糊的窗子——一点就破。

虾子过河——牵须（谦虚）。

猫不吃死耗子——假意慈悲。

叫花子卖米——只有这一升（身）。

叫花子走夜路——假忙。

场背后落雨——街背湿（该背时）。

麻布洗脸——粗（初）会。

稀饭泡米汤——清（亲）上加清（亲）。

顶起碓窝唱戏——费力不好看。

刷子无毛——板眼多。

二、丰都民间谚语

丰都民间谚语是丰都人民生产生活的经验、智慧结晶，有广泛的群众性，普遍的哲理性，含蓄的讽劝性，精湛的艺术性。

丰都民间谚语，大致分为自然、农事生产、社交、生活事理等类型。

（一）自然、农事生产类

雷打惊前，四十天不开绵。

清明要明，谷雨要淋。

清明嫩水水，谷雨黑嘴嘴。

立夏不下，犁耙高挂。

芒种忙忙栽，夏至谷怀胎。

小满栽苔一斤一条，芒种栽苔半斤一条，夏至栽苔巾巾吊吊。

处暑种荞，白露看苗。

寒露霜降，胡豆麦子在坡上。

铲草不除根，明年还要生。

头麻栽秧，二麻见糠，三麻见霜。

东闪日出西闪风，南闪北闪雨来瓮。

日晕长江水，月晕草头枯。

早晨发霞，等水烧茶；晚上发霞，干死缺蚂。

毛星毛月，雨断田缺。

有雨天边亮，无雨顶上光。

天上起托托云，明天不出门。

天上在起鲤鱼斑，明天好翻山。

先打雷后落雨，当不到一场大露水。

……

（二）社交、生活事理类

你有长箩索，我有翘扁担。

为人不学艺，挑断箩筬系。

吃不穷，穿不穷，算计不来一世穷。

你家有金银，隔壁有秤。

晴带雨伞，饱带路粮。

要待伙计长，天天算口粮。

人心隔肚皮，饭甑隔竹筢。

茅屎里的篾片，有翻转之时。

停槽不如贵买猪，养儿不算饭食钱。

在生不孝，死了吼道。

黄瓜上市，太医行时。

一遍香，二遍臭，三遍四遍逗人咒。

终年不见牛说话，槽内无食猪拱猪。

胆大骑龙骑虎，胆小骑个抱鸡母。

独砖不成墙，独木不成房。

莫嫌癞子丑，癞子走了缺把手。

出门看天色，进门看脸色。

说人不说姓，辈子不出笨。

饭后百步走，要活九十九。

金窝银窝，不如自己的狗窝。

闲时办来急时用，急时办来不中用。

人不可貌相，海水不可斗量。

要得小儿安，常带三分饥与寒。

吃药不忌嘴，医生跑断腿。

出门不佝腰，进屋没柴烧。

……

三、丰都民间歌谣

民间歌谣，是劳动人民在社会实践中口头创作的短小的韵文作品。它是民间文学的重要体裁之一，是劳动人民的思想、愿望在有节奏的音乐性语言中的真实反映。丰都民间歌谣的表达方式以唱、诵、说、喊为主，有劳动歌、时政歌、仪式歌、情歌、生活歌、儿歌、绕口令等类型。其中有不少是巴渝歌舞和竹枝歌的遗存。它们以清新、自然、朴实、刚健、粗犷见长，具有简短和抒情的特点，音韵和谐，朗朗上口。富有浓厚的乡土气息和比、兴、赋特点，并且一直紧密地伴随着人民的生活，不断地产生和发展，从各个不同的角度，真实地反映了丰都各个历史时代的变迁和民族、民俗的风味，是文学、美学、哲学、宗教、伦理、民族、历史等观点的形象化体现，也是文学艺术与社会生产、生活高度融合的再现。

（一）丰都民间歌谣的唱调

丰都民间歌谣的唱调大致分栽秧歌、薅秧歌、山歌、盘歌、小调、莲花落、采茶调、花鼓调、号子等种类，以栽秧歌、山歌、劳动号子最为流行。如栽秧歌类，其曲调（见附图一）。

此种曲调是丰都长江南岸山区流行最广的民歌曲调之一。它具有自由、抒情的特点，大多用在爱情民歌之中，一般都在栽秧季节劳动或休息中根据曲调即兴填词演唱，一人领唱，二人以上合唱。丰都民歌《清早起来把门开》《必是情哥喊开门》《为何埋头不作声》等用的都是这种曲调。

再如山歌类，其曲调（见附图二）。

● 栽秧歌

● 山歌

　　此种曲调是丰都比较流行的山歌调之一，它具有悠扬、抒情的特点，大多用在爱情和叙事民歌中。丰都民歌《官家小姐对秀才》《梁山伯与祝英台》等都是用的这种曲调。

丰都山歌流行最广的曲调之一是"罗二罗"。"罗二罗"是歌曲中的主要衬词，曲调明快、流畅，唱起上口，男女老少都可以唱。多用于两句一段词的对唱。丰都民歌《拍手唱歌好欢喜》等就是用这种曲调。其曲调（见附图三）。

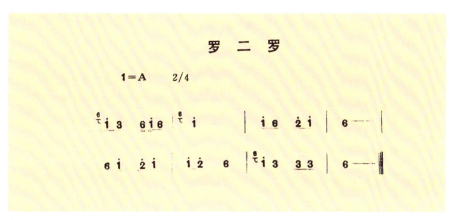

● 罗二罗

（二）丰都民歌歌词类举

1. 劳动歌

《清早起来把门开》（栽秧歌）

清早起来他又把门开，

一股凉风又吹进来，

啥子凉风这样小？

啥子凉风这样香？

凉风出在凉风丫。

哥喂：

那小姐你出生在富豪家。

《抬工对唱》

打杵拿在手，

杠子搁肩头。

招呼，

抬起！

天上明晃晃，

地下水氹氹。

天上一个月，

地下一个缺。

天上鹞子在飞，

地下牛屎一堆。

滑石溜溜，

跌一沟沟。

过弯又转拐，

边上有悬岩。

前面是梁梁，

搭脚就要上。

前脚要提起，

后脚要得力。

陡上又加坡，

越陡越好走。

下坡坡，

慢慢梭。

壁坡陡下，

越陡越好下。

幺起！

幺起！

《摸到夯把打起来》（号子）

领：摸到那夯把嘛，

合：哟嗬嘿！

领：打起的个来哟嗬，

合：嗨嗨！

领：天上那落雨嘛，

合：哟嗬嘿！

领：地上的个滑哟。

合：嗨嗨！

领：一不的个小心嘛，

合：哟嗬嘿！

领：跌一仰翻叉哟嗬，

合：嗨嗨！

2. 时政歌
反映民国时期社会状况的《丈夫去当兵》

秋风儿，凉浸浸，

一吹吹开我房门。

房内冷清清，

丈夫去当兵。

丢下公婆儿女们，

何人来照应，

饥寒逼死人。

夜已深，人已静，

翻来覆去睡不稳。

想起我的郎，

痛呀痛在心。

两行伤心泪，

一直流到大天明。

狗保长，莫良心，

拉我丈夫去当兵。

田也无人种，

地也无人耕，

哭哭啼啼鬼神惊，

喊天天不应，

叫地地不灵。

你的妻子年纪轻，

一家几口难得挣。

不得不改嫁，

嫁到别家门。

公婆讨口去逃生，

儿女改了姓，

一家各散五方神。

3. 仪式歌

《闹房》

一

今日入洞房，

观看新姑娘。

一个瓜子脸，

好似观音像。

新郎与新娘，

携手上牙床，

明年生贵子，

是个状元郎。

二

床前美女不开腔，

坐在板凳暗思量，

希望大家快些走，

我俩早点上牙床。

三

好个新姑娘，

赛过金凤凰，

还未过门时，

就把表哥想。

大家快些走，

莫误好时光，

不要再啰唆，

她要开黄腔。

4. 情歌

《必是情哥喊开门》

太阳落土姣洗脚，

姣在房中刚睡着。

左手拍门姣不醒，

右手拍门姣翻身。

假装阳雀叫三声，

十冬腊月哪有阳雀叫？

哥啊喂，

必是情哥喊开门。

为何埋头不作声

一把韭菜十二根，

筲箕沥米甑子蒸，

我心想留郎吃早饭

哥 啊 喂

哟 咿 哟

你为何埋头不作声

5. 生活歌

《拍手唱歌好欢喜》

天上落雨（啥），雨稀稀（哟喂），

长绵吊线（是罗二罗），落得密（哟喂）。

庄稼人来（啥），看（罗）见你（哟喂），

拍手唱歌（是罗二罗），好喜欢（哟喂），

今年丰收（啥），有指望（哟喂），

增产粮食（是罗二罗），喜洋洋（哟喂）

《想起我娘好心伤》

小白菜儿蒂蒂黄，

两三岁上死了娘。

心想入学把书读，

又怕爸爸说后娘。

说了后娘三五载，

生了弟弟比我强。

弟弟靠着爸爸睡，

把我丢在别一床；

弟弟吃的白米饭，

我是吃的打米糠。

哎哟，哎哟，

想起我娘泪汪汪！

弟弟吃的鸡鸭蛋，

我是吃的浪锅汤。

哎哟，哎哟，

想起我娘哭一场！

弟弟穿的绫罗缎，

我是穿的破衣裳。

哎哟，哎哟，

想起我娘好心伤！

6. 儿歌

《新媳妇》

新媳妇，你莫哭，

转个弯弯是你屋。

堂屋拜天地，

东屋认公婆，

洞房花烛新郎伴，

生个宝宝多快活。

《爬山豆藤藤长》

爬山豆，藤藤长，
爬来爬去望它娘。
娘又远，路又长，
爬到坎坎哭一场。

7. 绕口令
《粪肥灰》

问：墙上三桶粪，
墙脚三背灰，
到底是灰肥粪还是粪肥灰？
答：粪肥灰。

《长短扁担》

长扁担，短扁担，
长扁担比短扁担长一扁担

《浆糊糊屋》

胡富福用稀浆糊糊屋卖豆腐，
稀浆糊糊脏胡富福的白豆腐。

四、丰都民间传说故事

丰都历史悠久，山川瑰丽，钟灵毓秀，人才辈出，众多的历史人物和名胜古迹，为民间文学造就了得天独厚的沃土。境内不可胜数的风物和名人逸事，为民间文学提供了丰富多彩的传说、故事资源。这些传说、故事，结构比较完整、情节亦较生动，较好地体现了群众口语化的语言艺术。其中不少故事，构思巧妙，形象鲜明，出人意外，有浓郁的生活气息和地方色彩。还有不少故事，诙谐、幽默、爱憎分明，反映出广大劳动人民的聪明智慧。

（一）人物传说

人物传说是丰都民间文学最常见也是流传最多的表现形式。丰都民间传说故事中既有真实的历史人物也有中国人熟知的神话人物，但最为突出的是丰都劳动人民自己塑造出来的"丰都人物故事"。如阴长生、苏东坡、秦良玉、刘伯承等人物在丰都的故事；女娲、张果老、阴天子、天子娘娘这类传统鬼神人物等。例如《白鹿夜鸣》：

传说丰都古时白鹿成群，仙人王方平、阴长生朝夕相处，好不快活。后来，王方平、阴长生仙去，白鹿群便渐渐散了。

那一阵，丰都连续干旱了两年，百姓叫苦连天。

白鹿群虽已散去，但还留下一只母鹿带着她的子女在丰都留了下来，经常在双桂山出没。这双桂山腰有一泉，长年不断，清甜可口。泉水叮咚，古人称为"玉鸣泉"。母鹿带着她的子女，就靠着这泉饮水。时间一长，母鹿似乎成了精，极通人性。那两年，丰都遭干旱，饿死了很多人，白鹿见了，好不痛心，经常在月夜跑到双桂山顶对天长鸣。那声音好不凄惨，好像在对天诉说，求天保佑，快降喜雨，救救百姓。

时间长了，她的声音都叫嘶哑了，她的子女一个接一个也学着她对天长鸣。

有一天，白鹿不等天黑就跑到双桂山长鸣不断。对面名山上的老和尚听了，感到十分惊异，默念：一定有贵客。

果然，这晚半夜，河边靠了一只船，船上下来一个相貌不凡、气宇轩昂的人。他不是别人，正是大文豪苏东坡陪着父亲等家人路过。

第二天，苏东坡一行上鬼城名山游览，天子殿大和尚好高兴，招待殷勤，吟诗弄墨，苏东坡一气就写了好几首诗。

大和尚向苏东坡说了昨晚白鹿哀鸣之事，苏东坡听了，心中十分感叹。正在这时，那白鹿带着子女跑到名山来了，绕着苏东坡泪流满面，情似哀求。似乎在说，先生，求你想个办法，让天老爷下雨，解救苍生吧！

苏东坡见状，立即叫人重新研墨铺纸，就在天子殿前天井内，挥笔尽兴。苏东坡连写了几首，但天空仍旧烈日炎炎，白鹿在一旁更加悲痛，哀嚎起来。苏东坡听得心如刀绞，他拿起笔来，将墨汁向天空甩去，说也奇怪，东坡先生洒出去的墨汁，竟变成一朵朵乌云。东坡先生端起墨砚，三步并作两步跑出天子殿，将墨砚向天空投去，顿时天空黑云翻滚，雷声大作，不一会就下起大雨来。

天子殿大和尚好生惊异，合掌向东坡先生顶礼膜拜。心中默念：东坡先生有神来之笔，真乃神人也！

雨过天晴，这夜月色朗朗，苏东坡一行游双桂山玉鸣泉。行至半山腰，白鹿领子女来迎，一路上山，真像神仙一般逍遥，苏东坡先生快乐不已。

来到山上，山上有一古寺，寺中和尚出迎，用玉鸣泉水煮茶赏月，吟诗弄琴。当夜和尚向苏东坡求字画，东坡先生大笔书写"鹿鸣古刹"四字相赠，另书条幅，留下《仙都山鹿》一诗。从那以后，双桂山东侧这寺被称为"鹿鸣寺"。老百姓为了纪念东坡先生救命之恩，在山上修了座牌坊取名"来苏坊"，建了一座楼取名"东坡楼"。

（二）史事传说

这一类也是丰都流传很广的民间故事，是丰都历史、社会生活和风土人情的写照。例如《神兵智封袁家洞》：

挨到袁家洞有个地主叫张老爷，他听到说神兵要来，就请起石匠在袁家洞洞口修起一丈多宽的围墙，还在墙上修了些炮眼，把个袁家洞封得严严实实的，一家大小都搬到洞里头去住起。

神兵从张老爷的院子过路的时候，听说张老爷称霸一方，就决定要去收拾他。

神兵还没走拢袁家洞跟前，张老爷就叫手下的人用土炮打神兵。神兵没得法进洞，就撤退了。他们想了一个办法，在袁家洞对门的山顶顶插了一杆旗子，人些就走了。

洞里的张老爷一看，以为神兵还没有走。一天看旗子是插起的，二天看还是插起的，过了一个多月，洞里头的粮食吃完了，柴草用光了，又不敢出去，这样，张老爷一家好多人都饿死在里头了，张老爷也饿死了。

洞里头有一个人，饿得实在遭不住了，他想，饿死也是死，出去也是死，不如出去哟，就跑了出去。

他出去一看，又没得神兵。找人一打听，才晓得神兵已经走了一个多月了。

（三）地方传说

地名传说在丰都也很多，是丰都人赋予自己的一种美好意愿。例如《美人岩》：

从前，厢坝东边有一座山，山脚下有一个狗尾巴棚子，棚子里住着两娘母。妈是个瞎子，女儿有十七八岁，从小就跟着父亲学裁缝，她的爹原是夏老爷的长年。老汉死了以后，她为了养活盲人妈，从十五岁起就去夏老爷家当长年。她长到十七八岁的时候，夏少爷是个色鬼把她看上了，想方设法要霸占她，她死也不干。

有一天，夏老爷的老太太满八十做生，要缝衣服。夏少爷一看，有机会了，他就默了一个方，把五六匹绫罗绸缎拿来给她，要她三天内缝成衣服，缝不好，就要给他当睡觉丫头。

我的天，你想，再好快，三天内也缝不完五六匹衣料呀！她莫得法，只好拿回家去赶夜工。头一天晚上，熬了好大一夜晚，才缝起了几件衣服，一匹料子还没有缝完一半。二的一天，她通宵不睡瞌睡，不停地连，眼睛实在睁不起，恍恍惚惚就睡着了。

她做了一个梦，看见一个女娃儿从天上下来，和她年纪差不多，长得很乖，走到跟前对她说："大姐，今天晚上，把那些没有缝完的都拿来，放在山上那个岩岩下面，我帮你缝，明天一早你来取就是。"说完就走了。她打了一惊，瞌睡醒了才晓得是在做梦，她还是给盲人妈说了。妈说："女儿啦，你拿去放在那儿试试看，说不定是神仙显灵了。"她老实把没缝完的料子都拿去放在岩石下。说也奇怪，那个岩岩原来是块光石板，一下就开了一个洞，洞只有尺把深，真有一个很乖的石头女娃儿，左手拿尺子，右手拿剪刀坐在里面。她把料子放那后，转身就回去了。第二天早上，多早哦，她就跑起去，一看，衣服全都缝好了，还叠得规规矩矩的，她很高兴，拿起衣服就走。走了一阵，她才想起还没给人家道谢，她又侧转来，看见那个石女娃还在望着她笑呢。

她把衣服拿去给夏少爷，夏少爷见衣料三天内就缝好了，再不敢在她面前动手动脚的了。

从这以后，美女缝衣的事一传十，十传百，很快，厢坝这一带的人都晓得了。好多人把衣服拿去放在那儿，二的一天去拿，已经缝好了。

夏少爷晓得了这事，有一天晚上，他跑到那岩边刺笼笼里头藏起，半夜，他看见那个石女娃儿变成一个很乖的姑娘，他走出刺笆笼朝那女娃儿扑过去，只听"咚"的一声，一坨大石头从岩上落下来，把夏少爷打得四脚朝天，啥子都不晓得了。二的一天，人们一去看，夏少爷已遭石头打死了。

过后，人们就把那个岩石叫作美人岩了。

（四）幻想故事

这类故事不多，但很好地展现了丰都人民极其丰富的想象力、创造力，以及他们在追求美好生活中的独特见解。例如《奇怪的南瓜》：

从前，有两兄弟，结了婚，分了家。但是，他们的堂屋没有分，属两兄弟共同所有。

有一年春天，飞来一对燕子在他堂屋垒窝，不久就有很多小燕。

一天，哥哥放工回家，看见屋子被燕子屎弄脏了，就用竹竿把燕窝戳了下来。几只小燕都被跌死了，有一只燕的脚杆被摔断了，还没有死。他弟弟回家见了，非常心痛。于是他就扯草药，像给人治伤一样给燕子包扎，不久这只燕子就可以飞了。

第二年春天，这只燕子给正在地里做活的弟弟含来了一颗南瓜子。

弟弟种在地里，不久就结了一个像面筛大的南瓜。他拿回家用刀破开，里面全是金子，从此，发了财，过上了好日子。

哥哥看弟弟这么容易就发了财，想依样画葫芦，将一只燕子的脚弄断，照样给它包扎治伤，这只燕子也飞走了，第二年春天，这只燕子也给他带来了一颗南瓜子，种在地里，结了个面筛大的南瓜。哥哥拿回家里破开，"妈啊！"里面盘有一条大蛇，把哥哥咬死了。

（五）生活故事

丰都流传的这类生活故事，充分反映丰都人民的生活逸事、趣谈和对幸福生活的向往，以及独特的民风民俗。例如《小姐改诗》：

有一天，秀才出去闲逛，走到一个十字路口，路边有一条小溪沟，溪沟上有一座小桥，桥头有个亭子，亭中有一块石碑。秀才就在亭中歇气，四下里看风景。这时，一个女人朝这边走过来，秀才见了，立刻在石碑上写了四句诗：

远看二八娇，青丝往后飘。

三寸金莲小，一定过此桥。

女子走过来了，也坐在亭子里歇气，看到碑上的诗，知道秀才写的她，问道："这莫不是先生的大作？"

"嗯，小生献丑了。"

"哦，诗倒不错，可惜词不达意呀！"

"有请小姐指教。"

小姐也不客气，说："远看二八娇，我今年不止十六岁呢。青丝往后飘，我的青丝就不能往前甩啰？三寸金莲小，我这脚嘛，三寸短了，四寸又长了。一定过此桥，我要是一转弯，朝那边走了，先生的话不就落空了吗？还是让我来改它几个字看看吧。"说完，提笔就改。

秀才一看，她改的是：

> 远看一娇娇，青丝随风飘。
>
> 脚下金莲小，些许过此桥。

秀才连声说："高才！高才！你这位小姐莫不是从县城过来的？"

"正是。"

"太巧了，我正要到县城去呀。"

小姐说："哦，先生想到那边去教书吗？"

"在下正是这样想的。"

"哎呀，我劝先生你去不得呀，凭我这点文化嘛，在那边都求不到生活，不知哪个才挣点盘缠回来了。就凭你这几滴墨水嘛，到丰都县城去卖三年发水屁股，看回得来不？"

（六）寓言、笑话

这类故事体现了丰都人诙谐、幽默，爱憎分明的禀性，含有一定的哲理性和讽劝性。例如《要钱不要脸》：

从前有三个秀才出去游玩。

他们一同来到三岔路口，看到一块钱，三个都想拿去。怎么拿呢？一个秀才说："我们作诗，哪一个说得最穷，就该哪一个得。"大家同意了。内中一个说："我茅屋见青天，灶内断火焰，日无鸡啄米，夜无鼠耗粮。"第二个秀才说："天地是我屋，月亮当蜡烛，盖的肚囊皮，铺的背脊骨。"第三秀才说："我饥饿一阵子，河下饮清泉，如若不相信，破开肚皮看。"说来说去，三个都穷，该哪一个得这一块钱呢？

正在他们争论不休的时候，一个骑马的知县来到这里。秀才就请县官来评理。知县听了说："把钱捡起来给我！"三个秀才听了，把钱捡起交给他。县官拿到手后说："既然要找我，我说了就要算数哟，你们同不同意？"三个秀才笑着说："同意。"知县说："我千里来做官，为的是吃穿，要钱不要脸，我要这块钱。"说完，把马一打，扬长而去了。

第四节
民间艺术

　　民间艺术，是指劳动人民在生产生活中所创造的有着艺术性质的一种文化形态。这里所介绍的主要是丰都的传统舞蹈、传统美术、传统戏剧、传统音乐、传统游艺与杂技。

　　同时，因为民间艺术大部分属非物质文化遗产保护范畴，故借此机会，介绍一下丰都的非物质文化遗产保护项目情况。截至 2022 年底，丰都县有非遗代表项目 75 个。其中国家级项目名录 1 项（丰都庙会），重庆市级项目名录 16 项，丰都县级项目名录 58 项，涵盖了非遗全部十大门类。其中民间文学 8 项，传统舞蹈 9 项，传统美术 9 项，传统戏剧 1 项，传统音乐 12 项，传统体育、游艺与杂技共 2 项，传统技艺 26 项，传统医药 5 项，曲艺、民俗 3 项。建成市级生产性保护基地 1 个，市级非遗传习所 3 个，县级非遗工坊 2 个；评定命名县级非遗教育传承基地 2 个。这些数据可以充分地说明，丰都在加强非物质文化遗产保护过程中开展了大量的工作，发挥了积极的作用。

　　在传统音乐中，最具代表性的是梁山吹打和龙孔吹打。北岸的梁山吹打与南岸的龙孔吹打就像是一对双胞胎，看着相似，实则内里有所区别。梁山吹打是从梁平县（现梁平区）传入董家镇一带并流传至今的，这种打击乐与梁平癞子锣鼓同出一脉，后经过本地人加工和传承形成了自己的风格。其特点是用简单的乐器配置，主要乐器有大小唢呐、镂锣、钹、铰子、包锣、鼓等，通过唢呐的高低音域根据乐曲进行的气氛加以变奏或随意进出，以此表现出乐曲中的各种情绪，将生产、生活中的各种情绪模拟表现得惟妙惟肖，具有较高的民间吹奏技巧。经过不断地演奏积累，目前有众多的曲目，却又保持着相对固定的风格。整个吹打乐旋律简朴、流畅，调式调性丰富、多变，有的曲目甚至运用了简单的对位、复调等技法。

龙孔吹打起源于清朝宫廷乐，是由清代一位姓李的宫廷乐师告老还乡时，带到这里而流传至今的。因该吹打乐"出身高贵"，源于宫廷乐，自然"修养高"，拥有成套的曲目和系统的乐器。曲牌系统性较强，多达十多种，其中代表性的曲牌有《一字》《大开门》《小开门》《迎官接诏》《小引子》《海棠》《调》《占子》《将军调》等。乐器多达十多种，使用配置齐全的乐器演奏，主要乐器有唢呐、二胡、笛子、号、小锣、包锣、荡锣、铰子、梆子、七星锣、鼓等。演奏时其形式、旋律、调式、调性可进行有机转换，以表现出不同场合的礼仪和气氛。此外，在演奏中使用了当地特有的乐器"莽号"和"七星锣"，加强了乐曲的气氛，将宫廷礼乐风格与民间乡土风格结合，曲牌众多，既能演奏出肃穆宁静的意境，也能表现轻快活泼的情绪。龙孔吹打曲牌系统性较强，还表现在演奏结构方面。据了解，龙孔吹打在演奏时主要分为四个部分，即小引子、调、占子、放朝。小引子由两支大唢呐加打击乐演奏。此部分乐曲由曲牌《一字》为前奏，演奏较有气势，以中板进行，蕴含强烈的古典宫廷音乐风格，表现了一种典雅华贵、祥和隆重的气氛。调由大、小唢呐各一支加打击乐演奏。这一部分则开始在中部逐渐穿插民间乡土风味的曲调，使庄重的气势转换成轻快、质朴的民间调式。占子由二胡、小唢呐各一支加打击乐演奏。这一部分更多地融入民间乡土风格，与前后形成了鲜明的对比，并将演奏形式、乐器配置、旋律、调式的多变与调性的转换等有机地结合，多角度地表现了宫廷中的各种礼仪和不同场合的气氛。放朝由大、小唢呐，笛子，号加打击乐演奏。这是整个吹打乐的高潮，结构也较为复杂，演奏变化起伏大，并有笛子曲牌穿插中间，还使用了一种当地特有的乐器"号"。该部分的演奏，每个曲牌都以"号"为前奏，接下来才是唢呐的吹奏。在气氛达到高潮时，又出现了笛子演奏的《大开门》《小开门》，这种舞曲风格的曲牌，给人带来轻松、优雅之感，使整个吹打乐的宫廷风格得到更完美的展示，最后一段乐曲在"号"的演奏后，紧接唢呐的快速吹奏而结束全曲。

在民间舞蹈中，最具代表性的是龙孔戏牛舞。戏牛舞的表演主要由三部分组成：器乐曲、说唱、舞蹈。器乐曲采用曲牌多是欢快流畅、对比强烈的音乐调子，如《大开门》《引子》《海棠红》等；说唱的内容一般是即兴发挥，多是一些常见的吉祥语，或是一些谐谑类的笑话之类，总之能逗乐人就行；舞蹈动作主要模仿人和牛之间的日常生活习性，并赋予一定的情节。表演队伍由9人组成，表演时先由6人打锣出场，其中1人主唱，另5人伴唱；随后由1个放牛郎牵着2人扮演的"神牛"出场，在场上翻、滚、腾、挪，进行表演。一场表演通常在8分钟左右。表演时，"牛"在人的逗引下，甩尾翘角，翻滚扑腾，时而迅猛敏捷，时而笨拙憨蠢，引得全场气氛高涨，极富艺术感染力。在人与"牛"争斗累了而喘息的空隙，领队会站到场子中间，来上一

● 龙孔戏牛舞

节似说似唱的段子，其内容可以是传统的吉祥语，也可以是即兴发挥，随意编上几句，逗笑观众，助推气氛。

在民间美术中，最具代表性的则是朱氏麦秆画。朱氏麦秆画经历了从麦秆编织到麦秆画的过程，在当地已有 300 多年历史，共有 13 道工序。材料为小麦秸秆，借助天然绿色本色，不加任何染料。2019 年，入选第六批市级非物质文化遗产代表性项目名录。

在传统游艺、传统杂技方面，主要有四十张牌和武当流通门。四十张牌来源于扑克牌，是三建乡少数民族人民在闲暇之余，根据扑克牌发明创造的一项集娱乐与益智于一体的休闲娱乐方式。一副牌共四十张，分为四栋，分别为"拾""钱""贯""索"，每栋牌面均有自己特殊的花纹以作标识，可三人或四人同玩，主要有三种打法：打摊、打刁、打赏，能够起到开发智力的作用，尤其益于老年人。四栋牌各有其独特的话案及文字标识，极具美感，集益智、娱乐、观赏于一体。

丰都武当流通门，上可溯源至"巴子别都"时期，近可溯源至民国初年，是典型的传统武术，与传统中医学、健康养生学、运动学有密切关系。以功法为主，技击为辅；注重养生，不重表演。十二大劲为主功(属易筋经)，全部十二势。十二大劲的练习，最特别的就是呼吸，每一势要用深、匀、细、长的吸，以爆发性的喷出为呼，发出类似牛鼻喷气时的"呼""呼"之声。此功不仅是一套内功，而且每一势都涵盖多种技击手法；起床功（洗髓经），此功为养生保健，长期坚持可保耳聪目明，驻颜延寿。六合靠，全部分为三套，此功为二人对练，相互靠打（人身七拳）的套子；单操手，共分为八大组合，为技击手法的演练。拳法套路，拳法套路基本承袭了"洪门拳功"。以六合手，洪门手，武松手为主；器械，以齐眉棍和板凳为主，关公大刀、子龙枪、青牛棍、青牛剑等是流通门的前身"洪门"的内容。

在传统戏剧方面，主要有木棒槌戏，又名木棒槌戏，属傀儡戏剧范畴，主要流传在三建乡。其起源于唐代，相传唐高祖李渊带兵打仗，出征周边几个国家，因战线太长，导致兵力不足。正在犯愁之际，一手下献计说："不如做一批木头人，在山林中摆下阵势，吓退敌人。"高祖无奈之下，只好应允。于是手下从民间迅速找了一批木工工匠，连夜赶制木人。木人制成后，穿上战袍，披上铠甲，手持长矛，分阵列站山林中，从远处乍一看，千军万马，气势恢宏，另又有数人敲锣打鼓，呐喊助威，令敌人闻风丧胆，奔突逃命，因此太祖率领的部队大获全胜。战争过后，木偶人在山林中日晒雨淋，日久成精，整日征战呐喊声不断。太宗皇帝于是命人把所有的木偶收回，供奉宫中。久之，宫人拿出把玩，把木偶人扮成各种人物，觉得有趣，渐渐把它演变成一种戏剧表演形式，丰都人称之为木棒槌戏或木棒槌戏。后木偶戏从皇室表演流传至民间，成为一种大众娱乐节目，受到人民群众的喜爱。木棒槌戏历经了宋代、元朝的发展时期，明朝时候非常兴盛，到了清朝、民国时期达到鼎盛。丰都县木棒槌戏主要分

● 木棒槌戏

布于三建乡，解放以后，因土改政策的影响很多艺人息演，改行当农民，木棒槌戏进入沉寂期。到了20世纪八九十年代，有人试图恢复木棒槌戏的表演，但受市场狭窄、人员缺乏等情况的影响，效果极不明显。

木棒槌戏表演灵活，常根据群众需要调整剧目内容和形式。主要有秧苗戏、童子戏、寿戏、喜戏、阴戏。秧苗戏，多是在农忙时节演出，每逢插秧时节，民间戏班子在农村各地巡回表演，祭祀虫王菩萨，祈求来年不受虫害。表演的方式是在主家所属的田地里供上一个木偶代表虫王菩萨，并进行一整套祭祀仪式，如烧香、燃纸、放鞭炮等，而

艺人在一旁表演，所唱内容可以是传统剧目，也可即兴发挥，都是祈求庄稼长势良好，来年大丰收的意思。童子戏，如果两口子结婚多年未孕，或想生儿子的人家，必须邀请戏班子表演一场木棒槌戏，所有家族成员一道祈愿早生贵子。戏剧演完后，要留下一套木偶服装，放在主人家枕头底下睡上一晚，第二天再还给戏班子，寓意孩子已经送到。寿戏，本地农村流传男子办九，女子办十的习俗，每逢家中有人过生日，有条件的人家都会奉上一台木棒槌戏，为家人祈福增寿。所唱剧目以《八仙过海》《麻姑献寿》为主。喜戏，一般运用在节日、嫁娶等喜庆场合，为其营造热闹气氛，经济宽裕的人家可唱上三五天，附近的群众都来观看，胜似节日。其代表曲目主要是《文魁嫁妹》等。阴戏。为了祭祀过世亲人，当地村民会请戏班子唱上一台戏，以表怀念。所唱剧目以《董永卖身葬父》为代表曲目。

　　木棒槌戏的表演道具制作非常考究，要经过选材、雕刻、蒸煮、晾干、打磨、上粉、涂颜料、搭骨架等十多个工序。一般选择碗口粗的李子树为基材，砍成长约20厘米左右的段，阴干后，再根据人物形象进行雕刻，然后再装到铁锅里蒸煮，提高韧性，防止开裂。蒸煮后在阳光下大晒，随后用细砂打磨，再涂上特制白粉，最后绘制脸谱，搭好骨架，套上戏服，整个过程大约需要一个月。偶人的艺术造型丰富多样，大致分为花脸、红脸、粉脸、白脸、武生，可分别扮演历史上的忠臣良将、奸佞恶徒、传说故事。面部表情丰富，眼珠可灵活转动，融合说唱、歌舞于一体，极富观赏性。

人们常说，十里不同风，百里不同俗。这充分说明地理环境所创造的民俗风情，最具有本土性。丰都也是这样，这里的民俗风情具有丰都特点。清康熙《酆都县志》："士民有信义之风，士颇倜傥，常怀忠信。"可见丰都的民风淳朴，同时兼具巴人文化习俗的普遍性和纷至沓来的多样性。

第一节
婚 俗

天地、万物、家庭是万本之源。婚姻、家庭,构成了繁衍不息的社会。

一、三媒

三媒即引见媒、正媒、劝媒。这三媒虽然是旧俗,但仍是一种文化,个别的仍在延续。

二、六礼

六礼即采、名、正、献、礼、议。这里所说的六礼,当然是旧礼,而这些旧礼在时下农村有的地区仍然存在。

所谓采,就是采访人户。采访人户一般不找本人,而是找当地的干部或者熟人了解对方的家庭情况和子女情况。

所谓名,就是把对方本人、父母、三亲六戚搞清楚,叫什么名,在干什么,以防辈分不符。

所谓正,就是把男女双方的姓名、生辰八字,请八字先生测算,看是否相配,如果相克,那就不行。

所谓献，就是女方到男方家里看地势，一般由媒人带领女方的母亲、嫂子、叔婶、舅妈、姑妈等人到男方实地察看，这时男方要将自家的房产、家财、田地全部献出来，让女方了解。如果女方看得上，就会住上一晚，如果看不上，吃了午饭就会走人。

所谓礼，就是女方看上男方，就会邀请男方也到女方家去，到时仍由媒人带领，男孩、男孩的母亲、嫂子、叔婶等一同前往，男方要带礼物，去拜见自己的准岳父母了。

所谓议，就是男女双方均同意这门亲事后，男方拿上礼物，请媒人去和女方商议，找一个合适的时间吃议酒。吃议酒是由男方背上大米、猪肉、酒、菜到女方，由女方煮出来待客。男方去的有当婚人，当婚人的父亲，押礼师，媒人。女方则有女方的父母，族亲和名人，押礼师，亲戚。议酒议的主要内容有，确定结婚日期，礼金、陪嫁、新房，见面封多少钱，开门封多少钱，开脸封多少钱。送轿、投床、铺床、探亲路上在何地歇气，娶亲送亲人数，所有事项的细节商议清楚，结婚时均得按议酒商议的执行，若有差池，严重的可能导致女方不发亲。

三、婚礼

婚礼将进行三天。婚礼的前一天叫传合，就是主人请四邻来帮忙，担水、劈柴、借桌子板凳、打扫卫生、写对联、写袱纸。袱纸就是敬祖先的请帖，内袱纸敬历代祖宗，内亲外戚；外袱纸敬野外孤魂。下午，三亲六戚来参加婚礼的陆续到达，晚餐为酒席。

婚礼当天叫正酒，迎亲的队伍一早就出发，队伍由媒婆、新郎、娶亲的（一般的是哥嫂）、押礼师、端礼师、彩旗队、秧歌队、唢呐队组成。到了新娘家，女方接客献茶，然后点礼，然后开席，新郎、媒人和男方主客，女方主客这两桌要三碗荤菜，男方要给厨师利是钱（即小费）。接着是发亲，新郎新娘给女方父母叩头，父母将女儿女婿扶起，给女儿女婿一人一把雨伞。管客师高喊："多谢老子多谢娘，立脚到贵府，各自当家为人，富贵荣华自己创，幸福美满万年长。"这时锣鼓、唢呐齐鸣，娶亲的、送亲的、抬陪嫁妆的，按顺序出发。到了新郎家，首先是新娘新郎拜天地，拜高堂，夫妻对拜，然后进洞房。进洞房后要坐床，就是新郎新娘并肩坐在床沿上，表示夫妻永结同心，白头偕老。再是滚铺，让一男一女两个小孩在床上翻滚几次，表示儿女成双。然后管客师祝福："今天是顺应天，姻果状元之共，允许龙凤成对，龙凤成双。自从盘古开天地，风调雨顺民安乐。世上多少风流子，天下许多美佳人。自古美色众人爱，才子一定配佳人。千里姻缘前世定，美男貌女新婚配。他们是天生一对，地配一双。三亲六戚共祝福两位新人，夫妻恩爱，情投意合，天作意美，白发到老，孝敬父母，全家幸福。"

祝福过后，婚宴正式开始。

在举行婚礼那天晚上要闹新房，又叫闹洞房。宾客、亲友、乡邻等，不分辈分，不论老小，聚在新房中戏闹，祝贺新婚夫妇，认为"越闹越发""三天不分老少"。随着文明程度逐渐提高,旧时"鄙渎不可忍伦"的言行，改了不少。闹新房时，现增添新的内容，如请新娘、新郎唱歌、跳舞，给客人倒茶、点烟，新郎、新娘吃同心果，谈恋爱经过，闹房的人讲笑话、唱闹房歌等雅俗共赏的活动，增加不少情趣。《闹房歌》的歌词如：

● 丰都婚俗

今夜入洞房，观看新姑娘。一个瓜子脸，好似观音像。

新娘与新郎，携手上牙床。明年生贵子，是个状元郎。

床前美女不开腔，坐在凳上暗思量。

希望大家快些走，我俩早点上牙床。

好个新姑娘，赛过金凤凰。还没过门时，就把表哥想。

大家快些走，莫误好时光。不要再啰唆，她要开黄腔。

第三天是新娘回门。回门时新娘走在前，新郎走在后，要给娘家送一块宝肋肉，请一个男童背着。在娘家吃了午饭就回家，回家则新郎走在前，新娘走在后，娘家派两名男童送，一般是小弟弟或者小侄子，送到男方就回去了。

新中国成立后，普遍推行新式婚姻，悉由双方婚姻当事人自由恋爱，婚姻自主，男女平等，严格实行一夫一妻制，婚龄法定。双方婚姻当事人，相互自行接触、认识，有的则由介绍人牵线搭桥，两相情愿而建立恋爱关系。到正式登记结婚之前，这种恋爱关系称为"耍朋友"，当事人的名分称男朋友、女朋友。恋爱关系不受法律约束，中途只要一方有异议，即可随时解除。确具感情基础，决定结婚，到民政部门婚姻登记后，择期举行婚礼。

自 20 世纪 90 年代以来，接亲之日，城乡不管路途远近，均具彩车迎娶，铺张显要以示荣隆。县城人结婚在酒楼包席的逐渐增多，有的还在电视台点歌祝贺。2000 年后，县城人婚礼文明简易，吉日新郎西装革履，带着介绍人、伴郎、伴娘及相关人员组成迎亲队伍，用装饰好的小车（俗称婚车）把新娘接到婚宴酒楼门前恭迎宾客，吉时到就举行仪式。婚庆仪式无定制，全由主人自为，仪程有多有少。大致有新郎、新娘就位，主婚人、证婚人及男女双方父母就位。叩拜天地、父母、夫妻对拜，交换戒指，喝交杯酒。证婚人宣读结婚证书，主婚人致辞，双方父母致辞，来宾代表致贺辞。向双方父母献茶（即行谒见礼），父母馈赠新人红包（钱钞）。新郎新娘致谢等，其后主持人安排情节，逗新人取乐，言举文明。仪式毕开宴，新郎新娘及双方父母向来宾敬酒答谢。为作永久纪念，有条件者，还将婚礼全过程摄制成录像保存。

第二节
丧葬民俗

丧事俗称"白事"。佛教浸透民间，人们认为死后上西方极乐世界，西方在五行中属白色，故名。丧葬民俗是基于灵魂不灭观念和原始道德观念而产生的一种社会习俗。墓葬制式，主要是土坑葬。古代少数民族有崖棺葬，从现存遗迹来看，丰都较多。东汉崖墓数量最多，分布比较集中的地方是龙河崖墓群和保合镇龙门村空脑山崖墓群。

一、龙河崖墓群，位于长江南岸，以龙河镇为中心的河谷悬崖上，有 10 余处崖棺葬，计 200 多穴。多的有二三十穴一群，少的为三五穴一群。其形制有以多门楣为主的竖穴棺和单门楣为主的横穴棺。其中杉树坪有崖棺 22 座，分布在长约 30 米、宽 10 米的峭壁上，距地面高约 5 米，均西南向。第七、八座为三层门楣正方形棺口，余皆为单门楣长方形棺口崖棺，在两崖棺间有龛，龛上阴刻"积字楼"三字，龛下壁有序文。上述崖墓，早已被掏空，无甚随葬遗存。

二、空脑山崖墓群，在长江北岸的空脑山四周，共有 160 多穴。其墓群自山麓抵山顶共五层，墓穴大小有差，布局基本相同。山的东面最大的一个墓穴，墓口为边长各约 1 米的正方形，墓室宽 4.5 米、深 3.1 米、高 2 米，室内有棺穴，长 2 米、深 1.05 米、高 0.75 米。一般墓口较小，均为三层门楣，第三层门内是 2 米深的棺穴。俗称之为"先人洞"。1985 年于墓内发现完整的西汉五铢钱和几块东汉陶俑残片等，鉴定为东汉崖墓。清道光《酆都县志》："服食俭约，男女别途，耕不失时，丧礼称家有无，葬不逾期。"说明丰都县传统习俗讲究实际、时序，特别值得一提的是，虽然重视葬礼，但仍讲究量力而行，不铺张浪费。

三、新中国成立前，境内丧葬殡俗普遍实行土葬，民谓"百年辞世，入土为安"。富裕之家，耄耋老人在世，即为之修建陵寝，备好棺材、寿衣、寿帽、寿鞋、寿被、寿褥等。一般家庭，不堪陵寝修建之费，悉埋土坟，棺材及衣帽鞋袜等有先备者，也有临时赶制者。丧葬一般要经过送终、抹汗、入殓、倒头、报丧、戴孝、送汤、送盘缠、出殡、谢纸、圆坟、做七等诸多程序。也就是子孙床前送终，烧落气钱，鸣炮报丧，洗澡整容，更衣入棺，停柩灵堂，披麻戴孝，烧袱纸，子孙守灵，择日"坐夜"，宴请宾朋，道士做道场（击磬诵经，穿场招魂，诵读祭文），清晨出殡送葬（午后出殡叫"坐白"），灵柩入穴，验棺出魂，落盖填土。"烧七"即在家中每隔 7 天给死者烧一次纸钱，49 天后结束。以后每年逢忌日（死者去世之日），主要亲属带祭品和纸钱到坟上祭奠，连上 3 个忌日，以后便仅由子孙上坟祭奠。

新中国成立后，提倡移风易俗，丧事简办，反对封建迷信。1976 年起，县城及其周围大部分地区实行尸体火化，凡有火葬条件者，一律严禁土葬。20 世纪 90 年代以来，社会日渐开放、宽松，除火葬外，其他治丧事宜大致沿旧俗。农村居民治丧，做道场一般为 3 天。市民治丧，一般停灵 3 天，亲朋致花圈和挽幛吊唁。

家族民俗

在中国传统社会中，家族（宗族）是最重要的民间社会组织，在长期的文化积累中，形成了丰富多彩的组织民俗。中国的基层组织及其传统文化集中地体现在家族之中。在费孝通所概括的中国社会的"差序结构"中，家和家族处于核心位置。家族民俗是社会民俗非常重要的一部分，涉及个人、家庭、家族在交往过程中使用并传承的集体行为方式。丰都家族民俗与全国所共有的家族民俗总体上具有一致性，但这里仍有介绍的必要。

一、家族关系

明、清时期，丰都的家庭以父权为中心，儿子为其继承关系。母对父为从属关系。姊妹与兄弟关系中兄弟为优。兄弟关系中的长兄地位优越。一般家庭中，若父亲年迈或去世，长子负责全家养家糊口的重任。有钱有势的豪绅家庭，多以三世同堂或四五世同堂为荣。

民国年间，多世同堂的家庭很少。家产继承，一般是老人与儿子平分，对老人稍优；兄弟分居后，老人多数与幼子一家。民谚有"皇帝爱长子，百姓爱幺儿"。老人去世后，幼子负责安葬，老人提留归幼子所有；兄弟共同安葬的，老人提留平分，体现了家庭成员间的地位平等。男女不平等的情况，在官宦富豪人家非常突出，男人可以随便纳妾，主宰家中一切，而妇女没有任何权利。在劳动人民家庭中，男女不平等问题，没有富豪人家严重。

新中国成立后，旧社会的家政、家规、家法、家祭等习俗，随剥削制度的灭亡而消亡。随着社会主义制度的建立，家庭关系发生根本变化。男女之间，政治、经济平等，实行一夫一妻制，夫妻互敬互爱。尊老爱幼，团结和睦，蔚然成风。

二、亲戚关系

丰都有"三亲六戚"之说。三亲，即至亲、堂亲、表亲；六戚，也叫"六亲"，泛指一切亲戚。如有人不讲伦理道德，被指责为"六亲不认"。

至亲，包括上、下、横三个方面。上，包括父母、祖父母、曾祖父母及其以上；下，包括子女、孙子女、曾孙子女及其以下；横，包括父之兄弟姐妹、母之父母及其子女、妻之父母及其子女。在称谓上，父称父、爹、爸、爸爸；母，称母、娘、妈、妈妈；祖父，称公、爷爷；祖母，称婆、婆婆、奶、奶奶；曾祖父母，称祖祖；父之兄，称伯、伯伯；父之弟，称叔，叔叔；父之姐妹，称孃孃（念阴平）、姑妈、姑姑，也有称爸或老子的；母之父，称外公、嘎（多数地方念 gā）公；母之母，称外婆、嘎（多数地方念 gā）婆；母之兄弟，称舅、舅舅；母之姐妹，称姨、姨孃（念阴平）；妻之父，称岳父、老丈、爸爸；妻之母，称岳母、老丈母、妈妈；妻之兄弟，称内兄、内弟、舅子；妻之姐妹，称姨姐、姨妹；妻兄弟之子女，称内侄儿、内侄女。

堂亲，分嫡堂、堂两种。嫡堂，包括父之兄弟之子女；堂，包括祖父之兄弟姐妹之子女。在称谓上，父之兄弟之子女，统称哥哥、弟弟、姐姐，妹妹；祖父之兄，称伯公；祖父之弟，称叔公；祖父之姐妹，统称姑婆；祖父之兄弟的子女，统称伯伯、叔叔、孃孃（念阴平）；再下一辈，统称哥哥、弟弟、姐姐、妹妹；父之嫂，称伯妈；父之弟媳，称婶婶。

表亲，分血表、表两种。血表，包括姑母之子女。表，包括舅父、姨妈之子女。在称谓上，统称表哥、表弟、表姐、表妹。

新中国成立后，按法律规定，亲族分为直系血亲和旁系血亲。直系血亲，包括配偶、父母、子女，有时也包括需要本人赡养的祖父母、抚养的未成年的弟弟妹妹。其余均为旁系血亲。许多人，特别年纪较长的人，仍按传统历史习惯对待亲属关系。

第四节
社会民俗

为了社会发展和生产生活，人们走出家族，建立更广泛的互动关系。这些关系的确立形成了地缘性的社区组织，并相应地存在着一定的习俗惯制。传统的民间社区组织负责具体的公共事务，筹办公共事务的活动形成习俗，而习俗协调公共关系，成为社区文化的基本内容，长此以往就形成了人们日常的行为习惯和风俗。

一、邻里关系

民谚有"远亲不如近邻，近邻不如对门""行要好伴，住要好邻""亲帮亲，邻帮邻，和尚帮助出家人"。民间对邻里关系非常重视，其重视程度仅次于家庭关系。邻里之间互相帮助，已成为人们共同的追求。与邻里善处，被认为是美德。和睦相处，就不会受邻里以外的人欺侮。一家有事，邻里相帮，丰都农村，这种习俗最为普遍。

二、社区关系

丰都地处四川盆地东部边缘，县境内山峦绵亘，溪河纵横，丘谷交错。以山地为主，丘陵次之，仅在河谷、山间有狭小的平坝。自然村多为自然分散，其类型主要有以下三种：

1. 单姓家族族户村落。如余家坝、余家坡、柯家坝、周家沟等，即属于此种村落。起初，可能是某一个姓的居住地；有的外来移民"插占"开荒，以后形成单姓家族的村落。还有可能是聚族而居古风遗留。这种类型的村落，往往家长或族长就是一村之长。清末以来，纯粹的单姓家族户村落越来越少。

2. 亲族户集合体村落。这种类型的村落，主要是由姻亲关系联系起来的几个姓的村落。

3. 多姓杂居村落。明清时代，由外地迁入的居民，户与户之间，大多无亲族关系。由于长期定居在一定地区，协同生活，从而形成了邻里关系，世代相袭而成为多姓杂居村落。

村落有约定俗成的习惯，表现在以下两个方面：

1. 有严格维护村境共同利益的规定和惯例。村内各户，对本村所拥有的公用土地、山林、水域都有一定监护权。对境内的公益设施，如村中的水井、道路、桥梁、塘堰、水库等，各户均有集体维护和修建的义务。

2. 村落的地缘性鲜明，显示出较强的内聚力，互相协力，成为代代相传的惯例。最常见的是办理婚丧大事、修房造屋和援救天灾人祸的互助。旧有《劝民四宝歌》：

第一宝，孝最好。父母养我身，我养父母老。

凡人若能孝双亲，天地神明都相保，劝你们孝养要趁早。

第二宝，悌最好。手足本同根，相亲如少小。

凡人若能爱弟兄，一家和顺无烦恼，劝你们些微莫计较。

第三宝，勤最好。劳苦方成人，懒惰难自保。

试看多少勤苦人，衣又温来食又饱，劝你们白日莫闲了。

第四宝，俭最好。每天留一文，一年也不少。

试看白手可成家，只因减省积蓄早，劝你们积钱亦防老。

意思就是说，第一宝，孝道最好。父母养育了我的身体，我就赡养父母终老。人们如果能够孝顺父母双亲，天地神明都要来保佑。劝你们孝敬赡养老人要趁早。第二宝，爱护兄弟姊妹最好。手足本是同根生，相亲相爱像年少时。人们如果能够兄弟友爱，一家人和和顺顺没有烦恼。劝你们些小事情莫计较。第三宝，勤劳最好。勤劳吃苦方能长大成人，懒惰之人自身难保。请看世上多少勤苦耐劳人，能穿暖衣吃饱饭。劝你们白日莫要闲散懒惰了。第四宝，节俭最好。每天留一文，一年下来也不少。请看那些白手可以成家立业的人，只因为早早节俭积蓄。劝你们攒钱也能防老。

第五节
时 序

时序，简而言之就是时间的先后顺序或气候时节。人们在长期的生产和劳动中，随时序而种，随时序而收，年复一年，周而复始，在种种收收的生产过程中，由于季节、时序的变化，形成了众多的民俗事象。在科学尚未发达的历史时期里，从事渔、猎、农、牧等业的劳动人民为了生存和安全，必须经常观察日月星辰等天象，以及风云雷电等自然现象，来预测天气的变化。人们有仰视天象以测寒暑季节变化的习俗。中国传统的时令节日均源于农事。农历一年中有 24 个节气，在这些节气中，有的是标志四季交替的"交节"，有的时令被附会为某神、某人的生辰或祭祀之日。由此，时令特别重要，所以就被称为"节日"。

主要有春节、元宵、清明、端午、七夕、中元、中秋、重阳、冬至、腊八、除夕等。

需要特别介绍的是中元节，这一节日虽也具有一定的全国普遍性，但是在丰都更具丰都地域特点。

中元节，亦称"盂兰盆节""盂兰会"，人称七月半，民间俗称的

"鬼节"。中元节，原为道教的节日。道教把正月十五称为上元，七月十五称为中元，十月十五称为后元。佛教称为"盂兰盆节"，盂兰盆是梵语音译，意为"救倒悬"。据传，好佛的梁武帝时期，开始在七月十五日设"盂兰盆斋"，宋时，此日已成为民间祭祖的一个重要节日。相传，七月十五是目连救母之日，也是民众解脱母难之日，历来被人们重视。清道光《酆都县志》载"中元日祝先祭奠亡魂寺庵做盂兰会"。丰都在节日期间，施斋供僧，寺院举行诵经法会、举办水陆道场、放河灯等活动。现在，有些人仍有烧袱纸、祭祖等活动，寄托对祖先的哀思。另据清道光《酆都县志》载："中元日，祝先荐亡（荐亡：为死者念经或者做佛事），庵寺建盂兰会。"中元节，丰都人会祭祀祖先，为亡者举办法事，还会在特定场所举办盂兰盆会。佛教寺庙里也会举办法事活动，超度亡灵，给饿鬼施食，同时祝年长者健康长寿。这样的法会，就叫作"放焰口"。

中元节在丰都历史悠久，民间活动丰富，一直延续至今。

奇异的山水文化

丰都位于长江上游、重庆东部。地势呈西北—东南走向，南北长 87 公里，东西宽 54 公里，辖区面积 2901 平方公里，森林覆盖率 52%，城镇化率 51.2%。

丰都地处四川盆地东部边缘，境内有一系列平行褶皱山系，山峦绵亘，溪河纵横，丘谷交错，构成了丰都独特的地貌。丰都地处三峡库区腹心，长江由西向东横贯中部，长江岸线 47 公里。长江右岸的龙河，又有丰都"母亲河"之称，是长江一级支流，发源于武陵山脉南麓，串联起武陵山区和三峡库区，自东向西流经丰都多个乡镇，从丰都汇入长江。2020 年，龙河（丰都段）被水利部评为"河畅、水清、岸绿、景美、人和"的全国 17 条示范河湖之一，系全国首批、重庆唯一。同属长江一级支流的，还有渠溪河和碧溪河。此外还有白水河、小福溪、大沙溪、朗溪、赤溪、木削溪、汶溪、双溪、玉溪等众多河流，共同构成了丰都密集的水网。

鬼斧神工的自然环境，与源远流长的鬼城文化交相辉映，孕育出众多别具一格、独一无二的旅游资源。丰都境内现有 6 类 64 种 100

余处旅游资源，既有景色优美的自然景观，又有底蕴深厚的人文景观。有名山、雪玉洞、南天湖、九重天4个AAAA级景区，有南天湖国家级旅游度假区，荣获国家首批对外开放县和全国优秀旅游城市、全国十佳生态休闲旅游城市、国家园林县城、国家卫生县城等多项荣誉。2021年，南天湖国家级旅游度假区获评"武陵山十佳人气景区"，名山、雪玉洞、南天湖入选"武陵山十大旅游精品线路"。

作为重庆主城都市区"屋顶花园"的丰都，拥有极为丰富的高山旅游资源。海拔1000米以上的生态避暑休闲度假旅游资源有700多平方公里，占全市可开发资源的10%以上。除了南天湖、九重天等旅游景区外，还有三抚林场、雪玉山、太平云海、盐马古道等众多高山旅游资源。

第一节
名山景区

　　以"鬼国京都"闻名于世的名山景区，位于丰都县名山街道，坐落于长江北岸，由全国重点风景名胜古迹丰都名山和国家级森林公园双桂山组成，占地面积 3.86 平方公里，核心景区 1.98 平方公里。属沿江浅丘地貌，亚热带季风性湿润气候。山中树木苍翠，景色秀丽，古迹荟萃。

　　丰都原名平都，同样的，名山原名平都山。相传平都山曾有汉代的阴长生、王方平二人先后在此修道成仙，是道教"洞天福地"之一。名山之名可追溯至北宋时期。北宋嘉祐四年，苏轼畅游丰都时，题写下"平都天下古名山"的诗句，平都山便从此有了名山之名。

　　名山又是众所周知的"鬼城"，其得名与阴、王二仙的传说有莫大联系，也与平都改名豐都的历史密不可分。阴长生、王方平二人修道成仙的传说，在后世的流传中，逐步被附会为"阴王"，即"阴间之王"，名山则成为"阴王"所居的"鬼国京都"了。隋恭帝义宁二年，取治所所在地丰民州与平都山，改"平都"为"豐都"。自从改名豐都以来，因与道教体系中的"酆都"贴近，在漫长的历史长河中，经过无数民

第七章 · 奇异的山水文化　**213**

● 丰都名山景区

间传说、文人墨客的口耳相传，名山也便逐渐贴上了传说中的鬼城之名，明洪武十三年更是将"豐都"更名为"酆都"，可算得上是当时对"鬼城"之名的官方认可。千百年来，丰都名山流传下无数神奇的鬼城传说故事，名山上的很多建筑、古迹，都呈现出人们想象中"鬼城"的架构和布局，为世人描绘出一个生动形象的鬼神民俗文化世界。

鬼神文化是中国甚至世界性的普遍性民俗文化，因其广泛性、大众性，从古至今，围绕鬼神文化创作出了大量文学艺术作品，再加上民间习俗的口口相传，尤其是其鬼都之唯一性、其民俗文化之独特性，成为丰都贡献给世界人民的重要文化遗产。

名山景区文化底蕴深厚，宗教历史悠久，儒、佛、道、民间信仰相融共生。山上庙宇殿堂林立，各种塑像众多，历史遗迹触手可及，报恩殿、奈何桥、寥阳殿、星辰礅、玉皇殿、百子殿、鬼门关、黄泉路、望乡台、天子殿、五云楼、二仙楼、双桂山等不可胜数，目不暇接。信步所至，可让您进入一个别样"人间"，体验一回别样"人生"。

报恩殿。始建于汉代，1984 年迁址重建，占地 234.4 平方米，殿高 13 米，内塑报恩菩萨目连。传说报恩菩萨目连，是释迦牟尼十大弟子之一，孝行第一。因其母青提不敬佛门，被打入地狱。目连为救度母亲，在七月十五日地藏王出生这天设盂兰盆会，历尽艰辛，将其母救度出来。目连救母故事广为流传，倡导人们行善行孝。两旁塑像分别为闵公、闵志，底为其坐骑"谛听"。

奈何桥。"奈何"系梵文音译，意为"地狱"。此桥建于明朝永乐年间，桥长 7.2 米，高 3.95 米，桥面宽 2.5 米；桥下一方形池，长 12 米，

● 夜游鬼城

宽 2.15 米,名曰"血河池"。《西游记》里对血河池作了如下的描述:"时有鬼哭与狼嚎,血水浑波万丈高,无数牛头与马面,狰狞把守奈何桥。"奈何桥是连接阴间与阳间、审视罪恶与善良、宣制生存与死亡的"试金桥"。民间传说百年之后的亡魂都要过奈何桥,善者有神佛护佑顺利过桥,恶者则被鬼卒打入血河池受罪。其为鬼城代表景点之一。

寥阳殿。始建于明朝永乐年间,是朱元璋儿子蜀献王朱椿的香火殿。清初重建为大雄宝殿,占地面积为 1026 平方米,由山门、前殿、后殿组成。山门为三重檐歇山式屋顶,前后殿为木结构重檐歇山式屋顶,穿逗式梁架。前殿塑弥勒佛,后殿塑三世佛,左右两胁侍塑观音菩萨与大势至菩萨。两侧塑形象各异的十八罗汉,对面塑护法韦驮。

星辰礅。又名"心身等",为一铁礅,重 250 公斤,由上下两半构成,上名"心神铁",重达 182.5 公斤,下名"铁灵根"。来历有两个传说:一是由唐太尉尉迟敬德当年在名山监修寺庙时,为锻炼腕臂力而铸;二是道家传说为上古仙人所遗,用来炼体炼心。旁边所立碑刻为清光绪四年(1878)好山道人所撰《平都山星辰礅辩》。

玉皇殿。始建于明代,原名"凌霄宫",清康熙四年重修,名"玉皇观",康熙末年更名"玉皇殿"。占地 174.2 平方米。殿中塑玉皇大帝坐像,殿后排塑玉皇娘娘和军师孙膑,两旁塑李老君、真武祖师、周公和桃花、千里眼、顺风耳。

百子殿。始建于西晋,新中国成立初倒塌,2002 年重建,占地面积 783.4 平方米。正殿供奉观音、文殊、普贤像,三尊塑像为马来西亚进口香樟木雕刻而成,每尊塑像高达 5.5 米,重达 6.5 吨。

鬼门关。始建于汉代,是传说中划分阴阳的分界线。元杨显之《酷寒亭》、明《西游记》等文学作品均有描述。传说人死后到地府发落,必经这座森严的关口。两旁有十六鬼王和把门小鬼看守，于此盘查过往亡魂。在世为善的亡魂携"路引"便能顺利通过；而在世作恶的亡魂则会苛刻盘查，验明身份后押往十殿受审，再打入地狱受刑。为名山景区代表景点之一。

黄泉路。黄泉，又称九泉，九泉之下表示极深，即谓黄泉。黄泉路也成为通往阴曹地府的必经之路。

望乡台。始建于西晋，1985年复建，通高20.3米，顶为重檐四翘角的新式望乡台，占地55.8平方米。原指古代久戍不归或流落外地的人为眺望故乡而登临的高台。后来成为神话传说中，人死后眺望阳世家乡，和亲人告别的地方。

天子殿。始建于西晋，原名"乾竺殿"，唐时名"仙都观"，宋改"景德观""白鹤观"，明改"阎王殿"。现存天子殿乃清康熙三年（1664）重修，原名"阎君殿"，后称"曜灵殿"，俗称"天子殿"至今。占地面积2431平方米，由牌坊、山门和殿堂3部分组成，呈阶梯式排列在一条中轴线上。是名山上建筑年代最久，面积、规模最大，保存最完整的古建筑群。殿堂正中供奉阴天子6米高坐像，身后龛中供奉天子娘娘。是名山景区最有代表性景点。

五云楼。取自神仙得道，地生祥云的意思。据晋人葛洪《神仙传》记载：王方平，东汉时人，在丰都平都山升天成仙。阴长生，新野（今属河南）人，生富贵之门而不好名位，潜居隐身，后于丰都平都山飞升成仙。因王方平、阴长生这两位方士曾于名山修炼成仙，白日飞升，便在此修建楼塔以示纪念。

二仙楼。唐朝初年，根据王方平、阴长生在平都山修炼成仙的传说于此筑凌云台，后改为亭，明正德十三年（1518）始建凌虚阁，清

● 天子殿

康熙十年（1671）楼将圮，川湖总督蔡毓荣捐资培修，改名"二仙楼"。道光九年（1829），丰都知县黄初在原址重建，后虽多次培修，规模仍旧。二仙楼为木结构三层阁楼式建筑，三重檐、八角攒尖顶，楼体通高15.7米，顶楼塑王方平、阴长生对弈，旁边一樵夫站立观看组像。登楼俯视长江，眺望四野，烟波浩渺，飘飘然有凌虚之感。

双桂山。因两棵千年桂树而得名，面积100公顷，是一处集自然景观和人文景观于一体的著名风景区。丰都名山以鬼神闻名中外，双桂山因文人与文学氛围著称古今。自宋代开始，游客络绎不绝。人们为"白鹿夜鸣"的传说和《仙都山鹿》的诗章所感动，登山寻芳探幽，岩壁题诗，一时成为风景，名山的建筑、雕刻、楹联、书法、碑刻等艺术内容丰富，特别是与"鬼国地府"相融合，具有极强的独特性，可作细观和深入研究。因前文有述，故此惜墨。

南天湖国家级旅游度假区

南天湖国家级旅游度假区位于丰都县境内，毗邻武隆仙女山旅游区、涪陵武陵山旅游区，于 2020 年获得"国家级旅游度假区"这一金字招牌。距丰都县城 43 公里，距重庆主城 167 公里。海拔高度 1495—2100 米。年平均温度 9.2℃，最高气温 27℃，最低气温 −7℃。南天湖旅游度假区，系大仙女山旅游区的重要组成部分，与丰都名山、雪玉洞景区等形成旅游环线，是森林观光、高山览湖、山地运动、消夏避暑、滑雪养生的生态休闲度假胜地，是"重庆市第二批市级旅游度假区""重庆十佳避暑休闲目的地"。拥有"人文""生态"两大资源，其高山湖泊风貌堪称重庆一绝，海拔 1757 米的标高在整个武陵山区也绝无仅有。

南天湖度假区总体规划面积 74.48 平方公里，森林覆盖率 90%以上，有植物 1300 种，其中属国家保护珍稀植物水杉、珙桐等 26 种；动物 120 种，其中属国家保护动物豹、黄腹角雉、穿山甲等 27 种，真是一个活态的自然博物馆。

南天湖度假区的主要景观包括南天湖、鸬鹚池、一线瀑、知音林、

● 南天湖国家级旅游度假区

山王殿、天堂谷、美人岩、峦堡山等。

　　南天湖，位于南天湖度假区核心，是度假区的灵魂所在，占地 40 公顷，海拔 1753.8 米。南天湖是距今 2500 万年前喜马拉雅造山运动过程中所形成的，可蓄水 1 亿立方米。湖周群山环绕，湖水清澈见底，景色天然绝美，如一块翡翠镶嵌于碧绿群山之中。有天湖印象、天湖之冠、天湖康养、天湖之心、天湖花湾、天湖时光、天湖水乐、浪漫天湖等 8 大景点，是亲水、赏景、看天、怡心的浪漫之地。

　　鸬鹚池，面积约 3 平方公里，海拔 1875.8 米。鸬鹚池是南天湖内唯一高山平湖，2000 平方米。湖中有岛，岛中有湖，周围是充满青春活力的柳杉。池内有高山鱼类——细鳞乌鱼，成群野鸭在此栖息繁殖，别有一番清新风味。

　　一线瀑，面积 2 平方公里，溪流全长 2 公里，顺岩壁倾泻而下。茂林修竹小道，与哗哗流淌的小溪相伴，溪水清冽甘甜、清澈见底，或湍急，或舒缓，一路逶迤蛇行。人随景走，无限惬意。

　　知青林，面积 10 平方公里，海拔 1699.2 米。整个景区由大片杉树组成，系 20 世纪 50 年代首批重庆丰都知青所造。景区内有狮子口观景台，站立其上可观万顷林海，景色壮观。野猪凼是林区野猪成群出没之地，金盆凼是一处天然跑马场，可佐林趣。

山王殿，面积 5 平方公里，海拔 1638.53 米。景区因旧时有山王庙，山民常来烧香祈福而得名。殿外多云雾，人置身其中，缥缈如在天宫。

天堂谷，位于南天湖东面 1 公里，面积 2.2 平方公里，分为南北两线，南线自然探险，北线观赏游憩。有南天门、梦月湖、茶花谷、森林城堡、南天之眼、南天古道、南天栈道、南天飞索、南天溪谷、竹海天地、寻幽探秘、登天古道、腾龙古树、森林印象、花溪叠翠、月亮湾、天湖之源等景观景点。登高南天门，极目远眺，群山入怀，可开胸襟。此间有健身步道、森林小火车、观光车、游船等，可资野趣。

美人岩，位于厢坝东北面硝厂沟，山峦起伏连绵，岩壁高处有天造"美人"玉立，望之可作幻想观。

峦堡山，海拔 2000 米，山上云雾缭绕，变幻莫测。其山色随四季而动：春天山花烂漫，夏日满目苍翠，秋色五彩斑斓，冬季银装素裹，动心至极。

第三节
雪玉洞景区

　　雪玉洞景区位于丰都鬼城的长江对岸，龙河峡谷险峻陡峭的岩壁之上，海拔233米，地貌特征为深切中山台地和低山峡谷，属于石灰岩喀斯特地貌，溶洞主要发育于三叠系嘉陵江组薄至中厚层状灰岩中。

　　雪玉洞景区为国家AAAA级旅游景区，是洞穴科普基地、国家重点洞穴研究实验基地、重庆市科普基地、重庆市研学旅行示范基地，被《中国国家地理》杂志评为"中国最美旅游洞穴"。与丰都县境内的名山景区、九重天景区、南天湖景区形成旅游环线。

　　景区全长1644米，已开发游览线路1166米，上下共3层，分为6大游览区：群英荟萃、天上人间、步步登高、北国风光、琼楼玉宇、前程似锦。其中世界级奇观有4处：高达4米，冰清雪洁的地盾；规模最大，数量最多的塔珊瑚花群；晶莹剔透，长达8米的石旗王；傲雪斗霜，密度居世界之最的鹅管群。其他绝景多达数百处。

　　雪玉洞景区的主要景观有金鳄护洞、蔓子借箭、星光灿烂、梦里水乡、琼花争妍、龙凤呈祥、石旗王、雪绒花、音乐家之手、雪玉企鹅、泻玉流光、金銮宝殿、沙场秋点兵、林海雪原。真可谓天造化工，

● 雪玉洞国家 AAAA 级旅游景区

人间奇景。一睹为观，世无遗憾。

金鳄护洞。"金鳄护洞"在地质上属于岩溶蚀余景观的一种，由洞顶岩石崩塌后被地下河水常年冲刷侵蚀而成，因其酷似鳄鱼而得名。

蔓子借箭。悬挂于洞顶细细长长的石管称为鹅管。是沿碳酸盐岩裂隙渗透的水，进入洞穴后，由于从裂隙挤压状态到洞体自由空间的变化，水中的二氧化碳逸出，碳酸钙溶液变得过于饱和而析出，在水滴表面结成一层薄薄晶膜，水量增加，水滴受自身重量坠落下来，薄膜破裂，在与洞顶连接处沉积下来，形成一个环，其直径和水滴相似，5—6 毫米。下渗水不断供给，久而久之，便形成了细长中空，洁白的钟乳石，就像鹅毛管子一样，所以叫鹅管。此处鹅管密密麻麻，形如支支倒悬利箭，取名蔓子借箭。蔓子，即古代巴国蔓子将军。

星光灿烂。系洞内第一处大型景观，是早期地下水以片状往下流出，矿物质常年沉积形成。上面沉积的主要是白色碳酸钙，可以看到很多闪闪发光的晶体，矿物学名称叫方解石。随着灯光和观看方位变化，给人的感觉就像夜空繁星，称为"星光灿烂"。

梦里水乡。雪玉洞中，有 3 个洞身较高、洞穴跨度较大的大厅，梦里水乡是第一个大厅。由于整个大厅有石山又有流水，山水交融，人们称之为梦里水乡。

琼花争妍。属于溶洞的第二层，早期此处曾经处于水中，后来地质变迁，地下河不断下切，水慢慢干枯。但是由于洞顶滴水不断滴落，四处溅射，滴水和溅水中碳酸钙沉积而形成钟乳石，由于形状像珊瑚，其洞穴学名称为"塔珊瑚花"，景观名叫"琼花争妍"。

龙凤呈祥。此处景观，上面尖尖的部分是凤嘴，接着是凤头和身子，两边是翅膀，这一部分我们叫"丹凤朝阳"。龙在左下方的立柱上盘着，把凤高高托起，故称"龙凤呈祥"。在其后面，就是溶洞的金银盾，有明显的两种颜色，下半部分是黄色，犹如黄金，而外面却包裹了一圈白色的钟乳石，犹如白银一般，所以叫作金银盾。

石旗王。为雪玉洞中第一个世界之最。这面巨大的石旗，长 8 米，宽 70 厘米，最薄处仅 7 毫米，是世界上已知最长最薄的石旗，因此称为石旗之王。

雪绒花。远看此处像是白茫茫一片雪绒花，其实是由许多像头发丝一样的小绒毛堆积而成。这些小绒毛就是洞中最小的一种钟乳石，科学名称叫作卷曲石。卷曲石是由于石头上存在很多细微小孔，称为毛细孔，而从孔中渗出的水称毛细水，表面张力完全克服了地心引力，所以矿物质沉积完全不受地心引力影响，长出来的钟乳石也是弯弯曲曲，想怎么长就怎么长。这种卷曲石只有还在快速生长的溶洞中才能发现。

音乐家之手。这一组石笋酷似一双人的手掌，十指齐全而比例适中，上面一根鹅管掉下来，鬼使神差地落在两根手指之间，构成一副指挥演奏的音乐家之手，并且非常有动感，似乎正在指挥演奏丰都丰收之大型交响乐。同时，因为前面还有一片茫茫大雪，所以叫它瑞雪丰年。这里也是雪玉溶洞中第一处能够把"雪玉"二字完全体现出来的地方。

雪玉企鹅。是目前发现的世界上最大的一个地盾，高4米，宽2.5米，而且还在生长之中。由于其中空的特点，内部的水不断往外喷出并析出碳酸钙，导致钟乳石从内向外挤压式生长，形成盾状，因其形似大肚企鹅而得名"雪玉企鹅"。

泻玉流光。此处为雪玉洞中最长最洁白的流石瀑布，从上部的岩缝中直泻而下，全长25米，有"飞流直下三千尺，疑是银河落九天"之气势。旁边有一石旗，三种颜色，里面是黑色，中间是黄色，而外面部分是白色。黑色部分形成于8万年前，黄色部分形成于2万—5万年前，白色部分形成于数千年前。由于形成时间相距久远，故名"三生石"。

金銮宝殿。系大自然精雕细刻于8.5万年前，大大小小一共有68根立柱。这是洞内第三处世界罕见而精致的汉白玉雕塑宫殿。

沙场秋点兵。此处景观学名"塔珊瑚"。其形成条件非常复杂，是在特定条件下，地下河水即将干枯，水中碳酸钙饱和度非常高，同时底部有塔形方解石结晶形成，再加上洞顶有水滴滴落，三个条件同时具备才能形成此种奇观。这类景观在全世界只有美国、法国、墨西哥、以色列、巴西、南非、澳大利亚等7个国家才有发现。此处塔珊瑚是全世界发现面积最大、观赏价值最高的塔珊瑚群，为洞中第四处世界之最。

林海雪原。此处是溶洞最后一处景点，钟乳石林立，如雪中森林，幽深而僻静，所以命名为林海雪原。

第四节
九重天景区

　　九重天景区，位于丰都县双路镇莲花山，是国家 AAAA 级旅游景区、全国森林康养基地试点建设单位。平均海拔 1100 米，年均气温 23℃，森林覆盖率达 85%，植被良好、水源充沛，负氧离子丰富，是旅游观光、户外探险、避暑纳凉、康养度假好去处。

　　莲花山位于武陵山脉支系方斗山南端，主峰莲花峰，海拔 1250 米。属亚热带湿润季风气候带，常年气候温和，雨量充沛，春季冷暖多变，夏季凉爽，秋凉多绵雨，冬冷无严寒。

　　九重天景区规划面积 10 平方公里，第一期开发面积 3.5 平方公里。原始植被保存良好，森林覆盖率达 85%，属常绿阔叶林，主要是松、柏，间有桃、李、梨子、柿子等果树。乔木杜鹃和野生油茶树密布其中，四季常绿，枝叶繁茂。空气质量达国家Ⅱ级标准。野生动物有蛇、野兔、野猪、山鸡和鸟类。莲花山融山、石、林、洞、岩于一体，春可赏花、夏可纳凉、秋可采摘、冬可踏雪。

　　属石灰岩喀斯特地貌，有石林奇观、松林花鸟奇观，由寒武系、奥陶系、志留系岩层组合，形成陡峭绝壁和独特的低山峡谷景观。绝

壁上有溶洞奇观，洞内有大量钟乳石。

主要景观有连天栈道、满芳亭、龙吟九天、揽月桥等。远观群山可增豪气，俯视峡谷可增勇气，探险绝壁可增侠气。

连天栈道。起于锅圈岩，止于横梁子，全长5000米，已完成一期3500米并开放，宽1.5米。距龙河峡谷悬空高度900米，其地势陡峭，刀削绝壁。在体验其惊险刺激的同时，可饱览峻秀自然风光。

满芳亭。相传，东汉王方平在丰都县平都山修道成仙，八仙常到此处与王方平相聚。何仙姑见此地与天地相连，挥洒手中莲花融入此山之间而成一亭，此取名"满芳亭"。又是景区因位于莲花山而臆想。

龙吟九天。相传，此处绝壁上石洞里有一条青龙，每当干旱之年，青龙便从石洞飞出，吸来谷中龙河之水，然后腾空将河水喷降下来化作甘霖，使方圆数十里村庄风调雨顺、五谷丰登。人们为了感恩青龙，遂将此绝壁称为龙吟九天壁。

● 九重天国家 AAAA 级旅游景区

　　揽月桥。揽月桥又叫 5D 高空玻璃吊桥，桥长 300 米，宽 2 米，悬空 900 米。吊桥通过索塔悬挂，并锚固于桥两端作为上部结构主要承重构件，钢架上架设覆膜立体图案玻璃。行走其上，美奂如天间，惊状如宇外。

第五节
小官山古民居

　　小官山古民居建筑群，坐落于丰都县名山街道名山路居委会彭家垭口，由卢聚和大院、秦家大院、王家大院、周家大院、天佛寺和会川门六部分组成，建筑群总占地面积 22385 平方米，建筑面积 7669.41 平方米，2009 年被重庆市人民政府公布为第二批重庆市文物保护单位。

　　小官山古民居属三峡库区丰都县六处地面文物搬迁复建工程，搬迁之前原本分散位于高家镇和名山街道各地，均在三峡工程淹没区 175 米水位线以下。从 2002 年开始，这些独具特色的民居院落便被拆迁汇聚到一起，复建到现在的位置，形成小官山古建筑群。至 2007 年 12 月，主体工程全面竣工。

　　小官山古民居为明清时期典型的川东民居建筑，再现了丰都当地古民居、寺庙和城门的历史风貌，是研究重庆东部长江沿岸明清民居建筑风格的珍贵实物资料，有重要的历史、艺术、研究价值。

　　王家大院。建于清朝，距今有 100 多年的历史。王家大院的主人王诤友，是民国时期的丰都首富。曾追随刘伯承在四川泸州发动了

● 王家大院

"顺泸起义"。之后返乡回到丰都，出资创办丰都中学、丰都第二中学、实验小学、县人民医院、电影院等，对丰都教育和公益事业做出重大贡献。大院为一进三重院落。前院为家丁、账房先生做事、居住之地，左右厢房为客人居住、休闲之地，正堂为会客场所，正堂左右厢房为主人居住之地，后院为下人居住、做事之地。建筑风格统一、雕刻工艺精湛。建筑装饰题材以动、植物为主，有代表"五福捧寿"的"蝙蝠与寿"，代表"四季平安"的"花瓶与插花"，代表"一路连科"的"白鹭与莲花"。大院前厅正脊装饰了"暗八仙"的宝物纹，其雕刻并非八仙人物形象，而是八仙所持宝物，意为八仙暗暗降临人间，祈福平安。

秦家大院。建于清朝末年。秦家大院主人秦香圃，清末民初高家镇有名地主。曾参加孙中山领导的同盟会，参加过四川保路运动。武昌起义爆发后，率领革命党人夺取丰都知县县印，在当时丰都具有极高号召力。秦家大院为两进院落，左右各置一偏院，皆为穿逗木结构建筑。秦家大院的最大特色是全土木结构，木雕分布广泛，檐下的额枋、额枋与柱交接的雀替、框、隔扇、斗拱、门以及护栏、匾额等处，可以说"无木不雕"。20多种实木雕刻精美无比，具有浓厚的地域特色。在题材上，既有反映当时普世价值和地方特色的人文故事，也有寓意吉祥、励志的图案。在雕刻技法上，采用了阴刻、阳刻、透雕、线雕、圆雕、浅浮雕、深浮雕等多种雕刻方法。檐下斜支撑是秦家大院最具代表性的木雕装饰之一，工艺精湛，纹饰丰富，造型栩栩如生，以镂空的透雕手法，把动植物巧妙地附刻在檐下斜支撑上，且没有一处重复的图案。

周家大院。建于清朝，距今有100多年历史。大院主人周鸿谟，是丰都著名的实业家和慈善家。周家大院为一进三重院落，由前厅、中厅、后厅以及东西侧厢房组成，房屋为青瓦屋面，砖木结构，穿逗抬梁式木结构建筑，四周以封火山墙围合。雕刻装饰简洁，形制保存完整。采用以"天井"为中轴对称的毗连式布局，将中轴线上各厅与厢房以横枋和槛木连为整体，秉承了古民居"四水归堂"的思想理念，突出了川东民居的特点。

卢聚合大院。修建于清朝，距今有100多年历史。由上、中、下三个院落组成。之所以形成三个院落，据传是卢家三个儿子分家，形成大房、二房和幺房，分别住在上院、中院和下院。卢家发迹得益于运输、贩卖食盐。所以，卢聚合既是大院名字，又是商业字号。下院格局是一进两重，由前厅、中厅和厅后花园组成。中院与下院一样，一进两重格局。豪华、气派的上院，前厅用了8根大木头，一边4根重叠起来，这种梁叫"铁壁梁"，又叫"风水梁"。整个院子雕刻装饰精美。门窗、雀替、撑拱、额枋上，都有精美动植物雕花图案。这些图案寓意各不相同，牡丹象征富贵，蝙蝠谐音"遍地是福"，花瓶与插花寓意"四季平安"等。卢家上院越往里走，地势越高，这在古时，是普遍官宦人家的格局，代表步步高升，平步青云。

天佛寺。天佛，是佛教徒对释迦牟尼佛的尊称。佛教徒认为佛的法力广大无边，能普济众生，故以天之浩大为喻。据史料记载，天佛寺初建于南宋，迭经战乱，几毁几复。到明朝嘉靖年间，天佛寺经过一次大规模重建。这里曾是丰都举行官制典礼、民间祭祀的主要场地。天佛寺由山门、前殿、正殿和左右厢房组成。前殿原来供奉的是佛教护法神韦驮，"文革"时期被毁，现在前殿暂时空置。大殿柱础雕刻有石质蛤蟆和大象，蛤蟆在民间传说里是吞金兽，而大象是佛家的护法神，象征法力无边。正殿供奉三世佛，分别为法身佛、报身佛和应身佛。天佛寺里的三身佛，起初为明代所铸三尊铁佛，在历次劫难中被毁。后来在重建三佛时，县文物部门取材三块青砂整石复制而成。虽然佛像为新建，底下石制须弥座却是 500 多年前古物。天佛寺其实还有一个宗教融合改变的故事，天佛寺初建于南宋，到了明嘉靖年间，由于嘉靖皇帝在政期间，笃信道教，上行下效，天佛寺曾被改成"天福寺"，所供奉也改为道教中天福、天禄、天寿三星神像。直到民国初年，佛教兴盛，才又改名为现在的天佛寺。

会川门。丰都老县城地标性建筑。会川门又叫管驿门，旧时官员下榻之地。会川门，顾名思义，此门正对长江，与江水相会。会川门建于明天顺年间，原址位于丰都县城名山路下河街，是丰都保存至今唯一的明朝老县城城门，是县级文物保护单位，高 7 米、宽 4 米。民

国 19 年扩修县城街道,拆去城楼炮台。到 2002 年启动搬迁复建工程时,
会川门及相连的 200 米城墙尚存。会川门由城墙、城门、城垛三部分
组成,城墙及城门均由条石砌成,其特点是防潮、防江水侵蚀,城楼
及城墙上顺次修有箭垛。拱形门洞式的造型,柏木材质椭圆形城门,
无不体现着其明清城门特色。这座古老城门见证了丰都 400 多年历史,
尤其在近代更是见证了一位军神的诞生,即刘伯承元帅血战丰都失去
右眼的故事。

第六节
雪玉山

距离县城 57 公里的武平镇，有一处世外桃源——雪玉山。

雪玉山地处武陵山系七曜山脉，海拔 800-2000 米，林草覆盖率达 90%，空气质量达国家一级标准，空气中负氧离子含量每立方厘米

● 雪玉山日出

高达 10 万个，是当之无愧的"天然氧吧"。

雪玉山景区拥有高山湿地、原始森林、洞穴、溪流、地下河、天然樱花林、野玫瑰林、天然草场等自然资源。有土鱼溪、老仙洞、九彩堡、枫香峡、猩猩峰、望南龟及"天生太极、天生龙宫、天生地迷"等景观景点。雪玉山以其优良的自然生态，给人们提供了一个绝佳的天然大氧吧和生态休闲胜地。被评为"重庆市十佳避暑休闲目的地""重庆市六大避暑名山""最具魅力户外休闲目的地"。

雪玉山最有代表性的景点莫过于天生太极、天生龙宫、天生地迷、望南龟、猩猩峰等自然形成的奇观，彰显着大自然的鬼斧神工，显示出雪玉山独特的魅力。

天生太极。雪玉山高山湿地海拔 1800 多米，森林密布，树种繁多，

● 雪玉山雾漫

植被茂盛，由大坝子和土鱼溪组成，形成两条狭长沟槽和平坝，其两坝中各有一个长年不干的圆形水坑，一处无来水，另一处为小溪流水，形成天然的阴阳两极。中间有一横山相隔为"S"形，形似中国古代的太极图案，形成"天生太极"。

天生龙宫。雪玉山有一处名为九龙洞的喀斯特天然溶洞，洞内有水晶石、九龙寿星、瀑布石柱、将军杖、年轮、玉罗汉、九龙石蛙等众多钟乳石景点。其中最令人震撼的是洞中钟乳石形成的"大小龙宫"，每层龙宫各有九条蜿蜒盘旋其中的"神龙"，龙身完整，龙鳞清晰可见，栩栩如生，让人叹为观止，因而被形象地称为"天生龙宫"。

天生地迷。在土鱼溪平坝处，灌木丛生，小溪流水在森林中时隐时现，流经整个平坝。林间小道蜿蜒曲折，分合无序，形成自然的迷宫，误入灌木丛林，极易"迷失"其中，因而被戏称为"天生地迷"。

望南龟。又名河图神龟，地处雪玉山之上，由一座山体自然形成一只"望南龟"向南方昂首眺望，与雪玉山高山湿地的"天生太极"遥相辉映。

猩猩峰。系望南龟的同一山峰，仅仅是换了一个角度看，它便又幻化成一只大猩猩，其嘴巴、鼻子、眼睛、额头、背部均栩栩如生，形成"一山二景"的奇特景观。

第七节
龙河国家湿地公园

　　龙河，又名南宾河，长江一级支流，发源于石柱县冷水镇李家湾，全长 164 公里，天然落差 1263.3 米，丰都县境内长约 62.5 公里，于县城王家渡注入长江。

　　2011 年 12 月，经国家林业局批准，龙河纳入国家湿地公园建设。重庆龙河国家湿地公园总面积 642.2 平方公里，占湿地公园总面积的 42.00%。其中丰都段规划面积 15.14 平方公里（水域面积 6.24 平方公里），湿地率达 42.00%。范围涉及三合街道、名山街道、双路镇、包鸾镇、南天湖镇共 5 个镇（街）的 17 个行政村（社区），主要包括名山景区外的名山坝 145-175 米水位线段、丰稳坝、龙河河口至九溪沟口段 300 米以下区域。龙河国家湿地公园内湿地资源丰富，类型多样，分为河流湿地、库塘湿地、沼泽湿地三大湿地类和永久性河流、季节性河流、洪泛平原湿地、库塘湿地、草本沼泽五个湿地型。湿地特点具有自然性、代表性、典型性、多样性、稀有性、脆弱性。

　　湿地公园内动植物类别丰富，品种繁多，保护好湿地公园就是保护好自身家园。这里生态良好，适合人们休闲、观光、度假。植物多

● 龙河湿地公园

达 139 科 496 属 758 种（含变种、亚种和变型）。从生态型看，有乔木、灌木、半灌木、草本植物、藤本植物、竹类植物等。从环境条件看，有水生植物、陆生植物，水生植被类型有挺水植物群落、浮叶植物群落、漂浮植物群落、沉水植物群落四种群落类型；陆生植被类型有针叶林、针阔混交林、落叶阔叶林、常绿阔叶林、常绿落叶阔叶混交林、竹林、落叶阔叶灌丛以及灌草丛林。从资源类型看，有各种类型的资源植物，包括野生、半野生资源植物，经济林木和经济作物等。这里的动物资源也十分丰富，共有陆生野生脊椎动物 4 纲 23 目 54 科 120 属 142 种，其中，两栖纲（两栖类）1 目 5 科 5 属 8 种；爬行纲（爬行类）2 目 8 科 14 属 15 种；鸟纲（鸟类）13 目 30 科 78 属 99 种；哺乳纲（兽）7 目 11 科 23 属 20 种。

龙河国家湿地公园处处充满生命活力，人们居住于此，天人合一，与自然友好相处，可不乐乎！

　　这里还聚集了多级发电、灌溉、旅游等功能，特别是旅游资源，除湿地所带来的自然文化享受外，还有牛牵峡峡谷漂流、龙河山涧瀑布、雪玉洞、龙河梯田、龙河乱石窟、绝壁栈道、连天栈道等主题景观，让人尽情逸性。

第八节
江池横梁 AA 级旅游度假区

　　江池横梁生态旅游度假区位于丰都县东北部方斗山脉，距江池场镇 10 公里，距丰都县城 30 公里，平均海拔 900—1200 米，年均气温 18℃。

● 江池横梁 AA 级旅游景区

江池横梁生态旅游度假区面积 2.3 平方公里，森林覆盖率达90%。这里的高山物产丰富，有野山菌、竹笋、蜂蜜，各种中药材等；野生动物时有出没，野鸡、野猪、山羊，可与你伴行；三座高山湖泊清新宜人，湖区大量野鸭、白鹭、鱼类，可供欣赏垂钓。这里人与自然和谐相处，真个是避暑纳凉、休闲度假的好去处。

江池横梁生态旅游度假区是国家 AA 级旅游景区，农业部"美丽乡村"创建试点村、重庆市文艺创作基地、重庆市人居环境示范村、重庆市最佳避暑休闲乡村、重庆市休闲农业与乡村旅游示范点、重庆市农民新村市级示范点。

这里的主要景观景点，有民族团结进步示范陈列馆、云顶金筑寨、松月木鱼庵，以及多种农业观光项目。

民族团结进步示范陈列馆。横梁村位于丰都与石柱交界处，村民以土家族为主。陈列馆设置农耕文化、民俗文化、创建发展 3 个展厅，面积 100 平方米，藏品 200 件。通过大量实物、图文等，展示了人民群众传统的生产生活状况、民俗文化活动情况，以及社会经济发展进步的新景象，是传播优秀民族文化和对外交流的窗口。

云顶金筑寨。云顶金筑寨是秦良玉率三千土家白杆兵援辽抗金(后金）时所拔第一兵寨，置有明式"秦"字总兵帅旗、各姓将校军旗，旗帜均用秦良玉出征时特制的有钩有绊白杆长矛为旗杆，插于城墙各垛墙上。寨上有相传秦良玉战张献忠时战靴（现存一只）。城楼两处各置战鼓一面，四角挂铜制刁斗（古时斗形军锅，白天用以煮饭，晚上挂着用以报警），城楼最高处塑有秦良玉像。寨门置有军炮。

松月木鱼庵。位于青云峰顶，2013 年原址复建。正殿供奉观世音菩萨像。相传明末张献忠由楚窜犯巴蜀，石柱土司秦良玉率兵奋力相抗，使张献忠兵"独无敢至石柱"。除秦良玉所率之白杆兵剽悍骁勇外，亦幸得观音菩萨庇佑，故百姓在此建庙以供奉。

第八章
勃发的时代人文

　　新时代的丰都，以国际的视野、先进的理念、一流的标准规划未来、发展未来，把建设具有丰都辨识度的美好丰都作为目标。提出了发挥"山水丰茂、物产丰盛、人文丰厚"的"三丰"优势，优化沿长江产城景融合发展区、南部高山旅游度假区、北部现代农业示范区"三区"布局，做好"郊区新城""文化名城""山水智城""三城"文章，实施工业创造、农业创优、旅游创业、文化创意、治理创新"五创"行动，努力构建美丽丰都现代化建设新格局。

城市建设

　　城市，是人类进入文明时代的标志。丰都于公元 90 年建县，自建县始，丰都便有了自己的城市，可见丰都城市史已有近 2000 年。如果能够发掘考证出古代巴国的"巴子别都"所在，它一定是丰都更早的城市见证。但不管怎样，丰都城市的历史已经十分久远，文化底蕴丰厚，值得今人赞许。

　　在丰都城市发展史中，其城市位置一直位于长江北岸的名山街道，与名山景区里的古建筑群长期相伴，与长江之水长期相伴。

　　2001 年 9 月，因三峡工程建设，县城由长江北岸的名山街道搬迁至长江南岸的三合街道。新县城濒临长江，与老县城遗址、名山风景区隔江相望。丰都县城的搬迁，是国家重大工程的需要，同时也是丰都城市发展的重大机遇。

　　丰都县城的搬迁，是一种牺牲，也是一种伟大，它将成为长久的历史记忆。

一、县城搬迁

三峡工程是一项集防洪、发电、航运和发展库区经济等综合效益的国家重大工程，涉及百万移民搬迁。1985 年，丰都县开始探索三峡移民工作，1992 年正式实施，至 2009 年 12 月，全县搬迁总人口86097 人，复建各类房屋 251.62 万平方米，完成全县 225 个县城单位、11 个农村移民乡镇、5 个集镇、43 个镇外单位、104 家工矿企业、63 个专业设施项目以及县城 5 个管网业主"包干内"销号结算工作，拨出移民资金 351892.49 万元。

丰都新县城地处三合街道，位于长江南岸，与旧县城隔江相望，海拔 180 米以上。新县城是县人民政府和三合街道人民政府驻地，是全县的政治、经济、文化、交通中心，也是南北两岸的物资集散地。新县城由三合街道所辖的王家渡中心区、龙河工业区、丁庄溪工业区和名山镇所辖的新城小区组成。新县城建设于 1993 年正式启动，到2001 年正式南迁至现址，历时 8 年。新县城依山傍水，沿长江岸边呈带状发展，一座新城仍扎根在长江的边上，永不离开我们的母亲河。

新县城的王家渡中心区 3.77 平方公里，龙河东区 0.46 平方公里，丁庄溪 0.56 平方公里。另有北岸新城小区 1.7 平方公里，名山风景区 1.3 平方公里。合计起来，真正的新县城也只有 4.79 平方公里。其中王家渡中心区为新县城的核心区，辖滨江东路、滨江中路、滨江西路、平都东路、平都中路、平都西路、南天湖东路、南天湖中路、南天湖西路、雪玉路 10 个社区。这个新县城，也只是一个搬迁安置功能的新县城，所以规模相对较小。

二、新城建设

县城搬迁是一项重大的移民工作，而县城搬迁之后的城市发展，则是丰都的未来和前景。对此，丰都把建设城市、管理城市、经营城市、优化城市布局，作为重要的城市发展方向，并提出了建设生态、业态、神态、活态、文态，打造园林之城、文化之城、山水智城的建设理念。

特别是"十三五"期间，按照"一城、两片、六组团"的城市布局和"东进、西拓、南扩、北优"的发展战略，强力推进城市大发展，各项建设任务有序实施，城镇基础设施和城市功能不断完善，管理水平大幅度提高，综合承载力快速增强，人居环境日益改善，城市魅力逐步凸显，城市品位有效提升。"一江、两岸、多组团"及南天湖城市副中心格局基本形成。建成区面积拓展到 21 平方公里，与搬迁时相比，提高了 4 倍多，城镇化率也提升到 50.22%。

"十四五"以来，丰都县继续加强城市建设，更进一步优化城市

● 丰都县城一隅

布局。围绕"两水、四岸、六组团",龙河新城拔地而起、峡南溪片区初具雏形、北岸棚户区改造基本结束,长江二桥、龙河新桥等建成通车,火车站客运枢纽换乘中心、五星级酒店、龙河东滨江公园等成为城市新地标,"活水、靓城、显山、增绿"工程扎实推进,国家园林县城、国家卫生县城、市级文明县城成功创建。

基础设施不断完善。城市道路从 81 公里增加到 95 公里,人均道路面积达 11.63 平方米,停车位达 18056 个;城市污水管网从 271 公里增加到 292 公里,污水处理量达 3.1 万吨／日;城市供水管网总长 224 公里,供水能力达 9.9 万吨／日;城市天然气管网总长达 323.5 公里,供气能力达 120 万立方米／日,城市供水普及率、燃气普及率、供水水质合格率、污水处理率分别达 100%、100%、98% 以上、95% 以上,城市承载力、宜居性、包容度显著增强。

生态和人居环境迈向高品质。加速实施"活水、靓城、显山、增绿"工程,建成龙河东滨江公园、龙城大道、幸福大道及丰都古城等

● 县城体育场馆

景观绿化带。新创建龙河湿地公园 1303 平方公里，新增海绵城市 3.86 万平方公里。城市绿地从 604.9 公顷增加到 651.53 公顷，城市绿地率、人均公园绿地面积分别达 34.86%、10.97 平方米。加大城市综合管理力度，城市污水处理厂出水水质达一级 A 标，污泥无害化处理率达 100%；城市生活垃圾、餐厨垃圾收集率分别达 100%、90%，市政设施完好率达 96% 以上；创建和巩固扬尘控制示范工地、扬尘控制示范道路 25 个、25 条，全年城市空气优良天数达 353 天以上。

加速实施城市老旧小区改造，完成 20 余个老旧小区项目申报和 4 个 29.97 万平方米老旧小区项目改造，10 个 215 万平方米老旧小区改造项目正在加速推进。持续推进北岸城区棚户区改造，累计完成签约搬迁安置棚改户 6186 户，消除存在安全隐患住房 57 万余平方米。建成公（廉）租住房 4491 套、31.3 万平方米并全部配租，实现所有分配保障对象全入住、已申请符合条件对象全保障、信息化智能化管理全覆盖，公（廉）租住房建设管理走在重庆市前列。

● 平都大道

丰都城市绿化以公园建设、街道绿化、广场绿化、单位绿化、居住区绿化为主，其中公园绿化16.2万平方米、城区道路绿化8.2万平方米、广场绿化1.44万平方米、居住区绿化4万平方米。特别是在绿化工程中，平都大道、迎宾大道、名山大道、望江小区等绿化工程被视为亮点工程。广玉兰、杜英、雪松、樱花、撒金柏、龙柏、紫薇、小叶丁香、桂花、洋紫荆、香樟、银杏、海桐球、高山榕等10多种名贵树，遍植于城区大街小巷。平都大道两旁行道树为杜英，平都东路和平都中路街道中心为雪松、樱花、撒金柏，平都西路街道中心为龙柏、紫薇、小叶丁香，名山大道行道树为广玉兰，街道中心为雪松、樱花、海桐球，河北步行街行道树为桂花，街心花台种植花草上百种。基本形成点线面结合、布局合理、设施完善的城市园林绿化体系，基本构成城在景中、景在城中、城景相融、生态环境良好、自然风景优美的移民新城面貌。平都大道中段被重庆市园林事业管理局命名为"重庆市最佳绿化市街"，望江小区被重庆市园林管理局命名为"重庆市

● 城市远眺

最佳绿化小区"。

发掘山水特质，做靓风景岸线。突出长江南北两岸互为景观、互为观景，梳理城市肌理，优化景观布局，随山就势建设"口袋公园"、生态广场、街心绿地，加快建设龙河滨江公园、丁庄溪滨江公园、长江龙河交汇带等慢生活空间，着力建设城市客厅、城市阳台，精心打造城市天际线、山水轮廓线、滨江水岸线、两岸文化线。白天可感受浓厚历史人文，夜间可欣赏现代时尚风景。

一个高品质生活的城市，一个高质量发展的城市，一个具有丰都辨识度的城市，已经伫立在长江岸边。它是人们生产生活的美好之城，是游客旅游休闲的爽心之城，是长江经济带建设中的特色之城。

第二节
现代工业

移民是发展的机遇。

在三峡移民之前，丰都的工业有着良好的基础，曾经享有川东工业"一枝花"的美誉，有90家企业，包括丝厂、绸厂、酒厂、烟厂、化肥厂等。虽然这些工业还十分脆弱，甚至根本算不上良好的工业基础，但对三峡库区的一个县域而言，至少这也是一个重要的经济基础。而随着移民搬迁，这90家工矿企业基本消亡，丰都工业也随之进入低谷。

到2006年，丰都工业从零开始，重新起步。经过十多年的发展，到2021年，全县拥有工业企业760家（其中规上工业企业83家），全年实现工业总产值220亿元，增速6.3%（其中规上工业企业151亿元，增速8.3%），实现税收9.47亿元。并形成了以材料产业、食品加工、清洁能源为主导的三大产业特色，清洁能源、绿色建材、食品加工、医药及医疗器械、装备制造五大产业集群基本形成，"一区四园"的产业布局进入发展快车道。

● 水天平工业园区

一、五大产业集群

一是清洁能源产业集群。全县有清洁能源规上企业 10 家，2021 年产值 11.5 亿元。打造了以风电、水电、生物质发电、垃圾发电、光伏发电为代表的新能源基地，重点项目包括横梁风电、回山坪风电、五洞岩风电等。

二是食品加工产业集群。全县有食品加工规上企业 20 家，2021 年产值 40.9 亿元。成功创建市级农产品加工示范园区。代表性企业有恒都食品公司、光明食品公司、三和实业公司、三明油脂公司等。

三是绿色建材产业集群。全县有绿色建材规上工业企业 20 家，2021 年产值 81.8 亿元。主要的企业有东方希望公司、绿岛源建材公司、江都建材、建典水泥等。其中，东方希望公司曾荣获"2018 中国民营建材企业 50 强"称号，入选重庆 2019 年度工业"双百企业"。

四是医疗用品产业集群。以生物医药、医疗器械为重点，有医药及医疗器械规上企业 7 家，2021 年产值 2.7 亿元。主要的企业有上坤医疗器械公司、欣汶医疗器械公司、裕阔医疗器械公司等。其中，丰都工业园区生产的口罩、防护服、消毒液等，为打赢新冠肺炎疫情防控阻击战作出了贡献，被市经信委授予"医疗器械产业建设基地"称号。

五是装备制造产业集群。以机械电子、智能制造为重点，有规上企业 7 家，2021 年产值 7.6 亿元。主要的企业有航道船舶公司、丰平船舶公司、金籁电子公司、卓工科技公司等。

丰都未来将立足畜禽、建材、风电、燃气及长江航运基础优势，深挖新能源、灰岩矿两大资源优势，打造"五谷丰登"循环经济，即绿电谷——重庆壹号"绿电池"，建材谷——长江沿线最大的绿色灰岩建材基地，山水谷——重庆山·水·湿地·峡谷一体亲水胜地，铝硅谷——重庆最大的铝硅新材料基地，肉品谷——西南肉食品中央厨房。实现一二三产业融合发展，助力碳达峰碳中和。

二、工业园区

丰都县工业园区，于 2003 年经重庆市政府批准设立的市级特色工业园区，规划面积 16.5 平方公里。2021 年，市政府重新核准园区面积为 13.1 平方公里。园区组织架构为"管委会＋开发平台公司（重庆丰敦投资开发有限公司）＋公用事业服务中心"模式。2021 年园区工业总产值 154 亿元，增长 10%；规模以上工业总产值 134 亿元，增长 12%。现已形成"一区四组团"格局，包括水天坪组团、镇江组团、玉溪组团、湛普组团。主要发展食品加工、装配式建筑、医药及医疗器械、智能制造等产业。

水天坪组团位于长江南岸兴义镇水天坪社区，距丰都县城中心区

5公里,北临丰石公路和长江400万吨货运码头,南接涪丰石高速公路,西距渝利高速铁路丰都火车站10公里,是丰都工业园区核心区,也是重庆市加工贸易梯度转移重点承接地、移民生态工业园。规划面积8平方公里,建成4平方公里,有标准厂房12万平方米。重点发展机械、电子、医疗器械、轻纺等劳动密集型、楼宇型中小企业。已入驻民济医疗器械、丰泰箱包、金籁电子等企业。

镇江组团位于长江北岸名山街道镇江村,距丰都县城水路5公里、陆路17公里,规划面积2平方公里,建成1.5平方公里。发展特色轻工、机械加工、装备制造。

湛普组团位于长江南岸湛普镇燕子村,距丰都县城13公里,规划面积1平方公里,建成0.7平方公里。主要利用石材资源发展水泥、工艺石材、陶瓷等产业。已入驻东方希望水泥等企业。

玉溪组团位于长江南岸龙孔镇玉溪村和高家镇金刚社区,距丰都县城18公里,规划面积4平方公里,建成0.8平方公里。重点发展机械制造、涉水仓储物流、肉牛为主的食品加工等产业。已入驻恒都肉牛、民富食品等企业。

● 东方希望水泥厂

第三节
现代交通

　　丰都旧时的交通，不仅有唐朝诗人李白所描述的"蜀道之难，难于上青天"，更有老百姓所传颂的"汽车跳，丰都到"。

　　丰都大兴交通、大干交通，以交通破题，以交通兴县，发展现代交通。"六路一港""一桥二港九路""交通大会战""交通三年行动""一年奠基，两年成型，三年变样，五年变畅"等重大交通行动，无时不在改变着丰都的区位格局、经济格局、生活格局。架桥凿隧鬼斧神工变通途，修路治水巧夺天工得民心，快速铁路踏平坎坷成大道，高速公路抢得机遇又双通，黄金水道跨越转型升级版，干线公路由窄至宽"三级跳"，农村公路四通八达成阡陌……如今，丰都无缝对接"一小时重庆"，经济社会直接迈入"动车时代"，青山绿水间条条公路逶迤穿梭，高质量出行方式直接带来了高速度发展、高品质生活。

一、值得记忆的桥梁

　　对一座临江的城市来说，桥是经济社会发展不可或缺的一部分。从 20 世纪 70 年代木梁桥，至 80 年代石拱桥，至 90 年代钢架桥，至新时代索拉桥，桥梁的变革与发展是丰都交通最有力的见证，彻底改变了老百姓由原始坐落至村落烟峦的生活格局。

九溪沟大桥。位于丰都县三建乡境内，横跨长江支流龙河。该桥为石拱桥，全长140米，桥高20米，桥面宽7.1米，单孔净跨116米。主拱上方两侧各有六个耳孔，混凝土路面。九溪沟大桥1971年破土动工，1972年7月1日竣工通车，是目前为止世界上最长的单拱桥。由于当时经济比较紧张，请不起专家，丰都县决定自己动手建桥，但上级技术部门不批准大桥的设计方案：修建这样大型的石拱桥，丰都根本不具备条件，特别是技术关不行。但丰都县下定决心要修桥，没有经纬仪，就用森林罗盘代替；没有搅拌机，就用人工搅拌；没有吊车，石头全用人力抬。大家发扬艰苦奋斗、勤俭节约作风和顽强精神，经过一年奋战，在波涛汹涌的龙河，这座人间彩虹架起来了。1977年

● 九溪沟大桥

● 丰都长江二桥

11月，九溪沟大桥荣获全国科学大会重大科技成果奖。同年，国家邮电部向全国发行了一枚8分钱面值的邮票《公路桥——丰都九溪沟桥》。

丰都长江大桥。1994年10月动工，1997年1月竣工。投资8500万元，耗时两年多。桥长620米，宽15米，是一座钢筋混凝土结合梁浅加劲悬索桥桥梁，是丰都县自筹资金、市民和农民捐款而建成的长江大桥。

长江二桥。由于当时修建长江大桥时财力所限，为节约成本而选址在长江河床最窄的观音滩处，距离市民的重点聚居地县城较远，且桥面只有15米宽，难以满足日益增加的车辆通行和生活需求。为此，丰都县投资12.93亿元，于2010年11月开工建设长江二桥，2017年1月24日建成通车。该桥全长2234米，主桥长1466米，主跨跨径680米，桥面宽24.5米，主塔高227.1米。长江二桥修建完工后，成了丰都县南北两岸统筹协调发展的大"动脉"，拉近了南北两岸各乡镇和县城的距离，特别是将新老城区、工业园区、名山旅游联为一体，拓展了城市空间，提升了城市品位，促进了两岸经济文化协调发展。

此外，丰都县投资 1.1 亿元建设的龙河二桥于 2015 年 11 月 27 日通车，大大加强了王家渡组团、丁庄溪组团、龙河东组团城市间的交通联系。

二、四通八达的公路

改革开放之初，糟糕的道路交通限制了人们出行的脚步，也抑制了经济社会发展的步伐。1997 年，全县 8.5 米宽的高级路面只有 17 公里，其他公路全是土路。路况差，交通事故频发，"晴天一身灰，雨天一身泥"，正是当时交通状况的真实写照，用"盲区、闭塞、边缘化"来形容也毫不为过。为改变这一现状，丰都县开始着手大力发展交通基础设施建设。2006 年，丰都第一条城市景观大道迎宾大道建成。2007 年，建设完成南暨路、武太路、暨都路，改写了新中国成立以来都督、太平、暨龙等三个偏远乡镇不通客车的历史。2010 年，丰都第一条高等级公路——丰高路产业大道完工，同年村村通达率实现了 100%。2011 年，城市公交顺利开通。2010 年、2015 年，丰都代表重庆示范点之一的项目，顺利通过交通部"十一五""十二五"普通干线公路养护管理检查。110 公里省道成功升级为国道，改写了丰都无国道的历史。2015 年，丰都第一条旅游通道马厢二级路贯通，缩短县城至南天湖景区道路里程近 20 公里；丰彭路九溪沟大桥至武平段公路改扩建工程完工，改写了丰都旅游道路等级低、路况差的历史。截至 2021 年底，全县道路总里程 7262 公里（不含高速公路 64 公里），其中国道 110 公里、省道 403 公里、县道 324 公里、乡道 579 公里、村道 5846 公里。其中等级公路 6553 公里，一级路 8 公里、二级路 325 公里、三级路 182 公里、四级路 6038 公里，等外公路 709 公里。公路密度达 250 公里／百平方公里，行政村通畅率、自然村通畅率、行政村通农客率均达 100%。全县可通航水域里程 336 公里（长江航道 47 公里，支小河流 289 公里，渡口 12 道）。

一个通达、畅达、快达的公路交通网，把丰都城乡和人民紧紧联系在一起，成为一个美好的大家园。

三、拉近时空距离的铁路、高速公路

2013 年底，历时近五年建设的渝利铁路丰都段正式通车，这是丰都第一条高铁，意味着丰都直接迈入"动车时代"。该段铁路在丰都境内全长 48.7 公里，是连接重庆主城与湖北利川的高速铁路，也是川渝地区至华中、东部沿海地区最便捷的铁路通道，是沪汉蓉快速客运通道的重要组成部分，标志着丰都正式融入重庆"一小时经济圈"，实现"1 小时重庆、8 小时上海"目标。同年，丰都第一条高速公路——涪丰石高速公路建成通车。此外，丰忠高速丰都段也在 2012 年动工，2016 年底建成通车。丰忠高速公路起于丰都县高家镇朱家沟，与涪丰石高速路相接，止于忠县磨子乡罗家湾，与 G50 沪渝高速路相接，路线全长 32.8 公里，其中丰都段全长 12.3 公里。涪丰石和丰忠高速是丰都上接重庆主城，下连万州、宜昌、武汉、南京，直达上海的大通道。高速公路、高速铁路的建成通车，缩短了与主城、与各区县间的空间距离，由"传统远郊县"变成了"标准近郊县"，极大地提升了丰都区位优势和区域竞争能力。

● 高速公路

● 动车

第四节
美丽乡村

丰都作为一个农业大县，近年来始终把乡村振兴，加快农业农村现代化放在工作首位。乡村振兴是一个系统工作，需要全面发展。首先是农村交通道路建设，先后提升改造国省干线公路428公里，建好"四好农村路"2922公里，行政村、撤并村、自然村通畅率均达100%。其次是水利建设，龙兴坝中型水库下闸蓄水，王家山、沱沱坝、三岔溪小型水库建成投用，栗子坪水库工程荣获中国水利最高奖"大禹奖"。同时，提升农村生活质量和水平，自来水普及率达86%，整治农村危旧房5.5万户，异地扶贫搬迁1773户7369人。特别是加大农村脱贫扶贫工作，累计投入财政资金80余亿元，推动95个贫困村全部出列，1.9万余户8.1万余名群众脱贫，"两不愁三保障"得到全面落实，绝对贫困问题得到有效解决。

一、"宜业"乡村

目前，丰都已构建以肉牛、榨菜、鸡为重点的"一主两辅多特色"的乡村产业体系，小额信贷综合考核连续4年保持全市第一，成功创

● 丰都肉牛产业

● 丰都榨菜产业

建国家农业科技园区、国家出口产品安全示范县，国家农产品质量安全县、国家现代农业产业园建设稳步推进。

丰都农业产业化发展已经迈上新台阶，仅看2022年的发展情况就可见一斑。新建社坛、虎威等乡镇高标准农田4.5万亩，复耕复种撂荒地2.7万亩，蔬菜、榨菜基地面积分别达到12万亩、26万亩，烟叶种植面积增至2.1万亩，投用红心柚加工储藏集散中心，入选全市油茶产业示范园区建设目录，榨菜、藠头出口量居全市第一，活鱼出口全市唯一。挂牌成立肉牛产业研究院，新增庭院牧场30个，肉牛存出栏分别达16万头、9万头，进口冰鲜牛肉8万吨、居全市第一。存栏20万羽华裕蛋种鸡场开工建设，204个温氏肉鸡代养场达产运行，孵化雏鸡5000万羽、出栏肉鸡1000万羽、产蛋6亿枚。2个存栏5000头智慧种猪场、30个存栏2400头生猪代养场建成达产，开工重庆良选饲料加工厂，完工温氏屠宰加工厂主体工程。探索建立"新农人＋村集体＋农户"发展机制，培育"新农人"727户，带动发展新型农业经营主体151家，新认证"两品一标"10个。随着华裕农科、德青源、温氏、重庆农投等一批国家级农业龙头企业相继落户，丰都县做大做强"1+4+X"现代山地特色效益农业，大力发展以牛、鸡、猪为重点的畜禽养殖业，促进农业"接二连三"，现代畜禽产业基地加速建设，食品加工基地初具雏形。

二、"宜居"乡村

干净整洁、美丽宜居，是广大人民群众对乡村最朴素的向往和追求。生态环境是乡村振兴的内生动力和重要因素。近年来，丰都县持续加大农村人居环境整治力度，生态环境持续改善，村容村貌优美整洁，村村寨寨焕然一新。

全面落实总河长制，碧溪河、小佛溪、汀溪河等流域开展水环境

● 美丽的丰都乡景

综合整治，15 个乡镇 120 公里排水管网改造完成，长江干流、龙河水质稳定达Ⅱ类，渠溪河、赤溪河水质稳定达Ⅲ类。城乡集中式饮用水水源地水质达标率均达 100%。妥善处理农村生活垃圾，收集率达100%。加大空气污染防治力度，新增高污染燃料禁燃区 5.9 平方公里，建成环保烟熏腊肉服务点 15 个、秸秆收储点 50 个，空气优良天数达343 天。开展"打击非法捕捞专项行动"，深入实施长江流域"十年禁渔"。农业面源污染治理，畜禽粪污综合利用率达 80% 以上。深化落实"林长制"，实施"两岸青山 千里林带"，营造林 2.5 万亩。治理水土流失面积 12.5 平方公里，实施矿山生态修复 245.8 亩，66 座小水电全面完成清理整改。

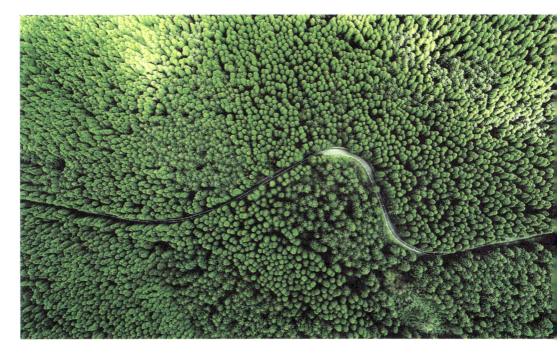

● 三抚林场

三、"宜游"乡村

乡村旅游是品质生活的重要体现，也是乡村振兴的有效措施。丰都乡村旅游如火如荼，内容丰富，特色鲜明，项目众多。下面介绍几个代表性旅游点。

三建乡绿春坝村。三建乡绿春坝村位于长江南岸，地处龙河溪畔，海拔 207 米，境内多山，曾经是重庆市 18 个深度贫困乡镇之一。曾经的绿春坝村自然条件恶劣，产业基础薄弱，人口大量外出、土地荒芜、群众收入低，是脱贫攻坚的重点难点村。

2018 年，三建乡率先实施农村"三变"改革，通过"资源变资产、资金变股金、农民变股东"措施，盘活 1.2 万亩闲置土地、林地资源，

● 武平新场镇

发展各类特色生态产业。同时结合生态资源优势，通过人居环境整治，瞄准乡村旅游发展大势，发展出 1 家精品民宿，数十家农家乐。形成了以农耕田园、竹笋广场、竹海休闲、巴渝民居为特色的乡村旅游新画卷。入选"2020 年度中国最美十大乡村"。

栗子乡金龙寨村。栗子乡金龙寨村位于长江南岸，距县城 60 公里，距乡政府 10 公里。栗子乡在历史上为防御外来侵犯和骚扰，耗费众多人力物力修建了 48 道寨门环绕村镇一周。而金龙寨村就处于这些寨门之中，村民就是这 48 道寨门的寨主。人们站在寨上，可眺望长江。这里也是第一批重庆市历史文化名村，现存有明万历四十三年修建的和尚塔（法惠庵塔）、龙塘坝古民居、陈家岩古民居等古迹。

近年来，通过深挖文化和旅游资源，突出山寨文化、民俗文化、民居文化、梯田文化。修缮和利用古村落、古民居，推出乡土美食，丰富乡村旅游内涵。提升道路交通品质，改善人居休闲环境，加大旅游基本设施建设等。文旅融合效果明显，乡村旅游红红火火。

太平坝乡。太平坝乡位于丰都东南边陲，地处七跃山山脉洼地，距丰都县城 79 公里，与石柱县、彭水县接壤，境内四周高山环绕，风景优美，素有"世外桃源"之神韵。全乡地处海拔 1500 米高山地区，即便是夏季，温度也能保持 28℃以下。境内自然风景秀美、农耕文化厚重、红色资源丰富，是丰都南天湖、武隆仙女山、彭水阿依河、石柱黄水等景区的交汇点，有"重庆夏都，巴渝雪域"之美誉，曾获"全国十佳生态文化旅游乡""重庆十大驴友避暑胜地""重庆十大最美特色乡村""重庆全域旅游示范村"等殊荣。太平坝乡紧扣"高山平坝会客厅、休闲康养目的地"定位，全域开展人居环境整治，实施场镇亮化、绿化、美化和景观花带建设。依托独特的文化旅游资源，打造以观云海、赏日出为特色的高山景观避暑游，和以安家院子苏维埃政权旧址、太平天路、小山堡庙等景点为代表的乡村文化休闲游项目。同时，培育出乡村旅游经营主体 340 余家，年接待游客 80 余万人，拥有床位 7500 余张，实现综合收入超 3000 万元。

包鸾镇飞仙洞村。飞仙洞村位于包鸾镇西南角，海拔较高，从前村民们靠山吃山不养山，水土大量流失，岩石大面积裸露，村民们在石旮旯里刨食，曾是深度贫困村落。

村里坚持生态与经济并重的石漠化治理理念，突出特色农家风情的乡村旅游理念，打造集种植业、养殖业、餐饮住宿业三位一体的生态休闲康养产业。这里已经成为青少年社会实践基地、亲子游和研学基地、森林康养基地，特别是生产采摘区、休闲观赏区、生活娱乐区等乡村旅游项目吸引大量游客，旅游收入持续增长。

● 石里红枫

武平镇周大湾村。平坦整洁的乡村道路花木萦绕，桂花树为过路人带来一片芬芳，池塘内满是波光粼粼的诗意，一幅美丽生动的乡村画卷缓缓铺开。

周大湾村位于丰都县东南部，紧邻雪玉山国际旅游度假风景区，曾经的周大湾村受制于道路交通不便，群众无法增收，经济一直得不到发展。

近年来，在乡村振兴的大背景下，周大湾村率先实现乡村路通村入户，硬化村上主干道路。开展美化、绿化、亮化工程，公路两旁栽种桂花、紫薇等观赏植物，绿化道路及农户入户路，绿化废弃矿山，安装路灯175盏，让7个村民小组1769人享受到品质化农村生活。在人居环境改善的同时，当地村民大力发展农家乐，让城里人到乡下休闲度假，赏心逸致。目前，全村共有农家乐23户，户均年收入3万—5万元。

第五节
饮食特产

饮食是人类生存的必需，是生存质量的见证。现在的丰都经济社会发展快速，人们生活质量大大提升，对饮食文化的追求也更加突出。与此同时，产生出了很多优秀的、高品质的、有丰都特色的饮食文化。这里介绍一些代表性的食品，以便大家快捷享受。

丰都麻辣鸡。是最具有代表性的丰都美食之一。"丰都麻辣鸡"荣获全国特色旅游商品金奖。有一种说法，与"鬼城"传说中的鸡脚神，即黑无常有关。鸡脚神生前做尽坏事，死后百姓仍怒其恶行，便宰杀熟鸡后大卸数块，拌以"三油三重"麻辣佐料食用，一解心头之恨。这虽是传说，亦可见丰都人之优良品质。

丰都麻辣鸡，据说最早可追溯到唐宋，但没有文献，不过其历史是久远的。它的色泽鲜美、味厚香浓、口感香辣，并略有回甜。集色、香、味、形于一体，麻而有度，辣不上火。被列为重庆市第四批非物质文化遗产名录。

丰都麻辣鸡深受食客欢迎，是当地人常设的佳肴，是外地人必吃的特产。目前有生产企业近 500 家，年产值达 4.5 亿元。在很多酒店、特产店都可分享。

仙家豆腐乳。其来历同样有一个神奇的传说。据说很久以前，名山脚下有个"豆腐王"，他让儿子王晓上街去卖豆腐，王晓在平都山上看到两位老爷爷下棋入了迷，等到想起卖豆腐的事时，豆腐早已发霉，两位老爷爷听后安慰他，并让他用盐巴和香灰撒到发霉的豆腐上，等第二天上街再卖。结果，王晓回到家中，发现村里人全都不认识他，媳妇也已白发苍苍，父亲早已过世。原来王晓是遇到了神仙，"山中方一日，世上几十年"。第二天，王晓打开挑子，看到豆腐上的霉已经褪去，变得美味可口。从此便做起豆腐乳生意来了。平都山的僧人尝过后说，王晓一定是遇到了王、阴二仙，豆腐乳应该叫"仙家豆腐"才对。从此，"仙家豆腐乳"扬名远近，流传至今天。

仙家豆腐乳块形整齐，滋味鲜美，入口细腻，深受大众青睐。丰都人几乎家家户户的餐桌上都会有仙家豆腐乳的身影。其酿造工艺由来已久，最早可追溯到汉代。选用优质大豆，以白胡椒、沙仁、白蔻等名贵中药配制香料，再经古法精酿而成。酿出的豆腐乳红润亮泽，

● 麻辣鸡

● 红心柚

有着浓郁的酱香及酯香，味道鲜美、醇厚，余味绵长，开胃健脾，是佐餐佳品。其制作技艺，2011年被列入重庆市第三批非物质文化遗产名录。荣获2018年首届重庆文化旅游十大特色产品称号。

胡辣壳抄手、小面。胡辣壳又称糊辣壳，是将风干的红辣椒放入热锅里炕到发黑，再放入臼中捣碎，成为一种调味品。与普通辣椒面相比，胡辣壳辣度稍逊，却香味十足。丰都人家用其烹饪抄手、小面。是丰都具有代表性的特色美食。

恒都牛肉。恒都公司在全国率先推广音乐牛栏、沙床牛舍、保洁按摩、人饮水源、均衡营养等健康养殖方式，配套电子化记录和监控管理方式，其标准化的养殖技术领先全国，牛肉品质跻身国内行业前列。恒都五香牛肉选用2—3岁青壮公牛肉，全程无菌生产，采用川香秘制配方，荣获ISO9001、ISO22000、HACCP、QS、GAP、清真食品、绿色食品、有机食品八大认证。口感好，营养好，色泽好，让人吃得放心，吃得舒心。

丰都红心柚。产于丰都县三元镇，柚果大，单果重1500克，可食率高达55.5%，皮薄，瓣匀，整齐，易分离，少核，多汁。肉质色泽粉红悦目，细嫩化渣，酸甜适度，可溶性固性物11.2%，每100毫升果汁含糖9.37克。风味浓郁,富含多种营养元素。其中含有蛋白质、维生素 B_1、维生素 B_2、维生素 C、维生素 P、胡萝卜素、钙、磷、铁及醣类、酒石酸、柠檬酸、各种微量元素等。1995年获"第二届中国农业博览会银奖"，1998年获"全国柚类评比金奖""重庆十大名柚"称号，2001年获全国第七次柚类科研生产协作会"优质柚"和"优质柚商品化处理"两项金杯奖。

栗子贡米。生产于海拔300—1425米的栗子乡，历来有古产贡米的说法。其山脉走势采光好，日照长，有利于植物叶绿素的合成。海拔高低变化突出，昼夜温差明显，植物淀粉质量高。此处地广人稀，无工业污染，农民引泉水灌溉稻田，栗子米晶莹剔透、质醇味香。有品牌"禾汇九畂"。

兴义龙眼。龙眼含有丰富的葡萄糖、蔗糖和蛋白质等，含铁量比高，可提高热能，补充营养。兴义镇是龙眼的高产地区，被重庆市命名为"龙眼之乡"，其品种包括大乌元、九月乌、玉玲珑等，果实、肉厚、清香，果肉透明而不溢汁，深受消费者青睐。

第六节
人文精神

　　丰都"四山夹三槽"的地理形态，位居三峡库区腹心的地缘优势，源远流长的历史演变尤其是"巴子别都"的积淀、"鬼国京都"的"朝圣"及道家"洞天福地"的特殊文化，新时代经济社会发展的大境界，铸造了丰都的人文化基因，影响形成了"丰都人"的精神特质。

　　吃苦耐劳，勇于抗争。丰都 2904 平方公里县域，其"四山夹三槽"的地理形态，决定了其境内高山、河谷、浅丘、平坝并存，但多山多水、高山峡谷则是其主要的地理特征，而尤以南岸山区为甚。数千年来，我们的祖先在此生息繁衍，山隔水阻、石坚土薄，刀耕火种、肩挑背扛，挺身抗御洪涝、地灾、火灾、人祸及猛兽侵袭，其历久弥坚、愈战愈勇，代代相传、辈辈相袭，练就了丰都人"吃苦耐劳，勇于抗争"的精神特质。曾有"养儿不用教，酉秀黔彭走一遭"之说，其实"丰都南岸走一遭"，"教子"亦能收奇效。此种精神特质，未曾随生产生活条件之改善而淡化、而消减，而是滋养出了一种面对挑战，迎难而上、战而胜之的精气神。就是在新时代的发展中，社会环境如此之好，生活品质如此之高，丰都人民却不曾止步，而是充满豪情，踔厉奋发，创造更加美好的未来。

眼界开阔，乐于开放。万里长江流经丰都，于县境中部奔突而过，其势浩荡、昼夜不息。丰都人滨江而居，以管窥豹，日日感受万里长江之浩瀚博大，自然难存"坎底井蛙"。加之古代交通极不发达，而长江"黄金水道"天易丰都，每日白帆点点、舟来楫往，上接重庆下衔武汉，旅行商贾堪称便利。这样的生息环境，日久天长，潜移默化，自然成就了丰都人的宏阔视野。深知身处一隅，外面世界精彩；懂得"南来北往皆是客"，处处敬重是上乘；坚信"人能处处能，草能处处生"，敢于背井离乡，怀拥期冀，闯荡人生。此种胸襟气度，先人如此，今人亦如此。无数丰都人正在全国各地、世界各地成就事业，奉献社会。全国各地的企业家、专家、学者，入驻丰都、支持丰都，丰都已经成为世界开放的大熔炉，在此共同熔铸着人间圣洁灵魂。

充满自信，志存高远。境内众多历久弥珍、堪称无价之宝的历史遗存，尤其是文物古迹、"巴子别都"、道家"洞天福地"之无上荣光。数千年慕名而来，留下无数珍闻逸事、诗词文赋、碑刻题辞，革命先贤为民请命、壮怀义举等，无不令当代丰都人深深感动。感慨曾经发生在这片热土上的慷慨悲歌，感慨祖先们不畏艰难、昂奋进取的精神特质，感慨他们在其生产生活条件极度落后状态下所成就的伟大创造。今天的丰都人不负其精神遗产，在新时代的征程上正阔步前进，向着未来，唱着滚滚而东的长江之歌。

感悟生命，惜时如金。丰都是举世闻名之"鬼城""鬼都"。作为世世代代之丰都人，每时每刻耳濡目染于这有关生生死死的建筑场景、传说故事、民俗礼仪、音乐歌词，其"感悟生命、珍爱生命、惜时如金"自然融入人们的心灵。这也是特殊的文化环境所造就的特殊人文。对此，丰都人对于生命之敬重、友爱之珍惜、事业之笃定、发展之责任，无不作为人生信条。今天的丰都发展之快速，社会之和谐，人们精气神之昂扬，就是最好的见证。

图书在版编目（CIP）数据

丰都文化通览 / 重庆市文化和旅游研究院，丰都县
文化和旅游研究院编 . -- 北京：中国文史出版社 , 2023.6

ISBN 978-7-5205-4183-1

Ⅰ . ①丰… Ⅱ . ①重… ②丰… Ⅲ . ①地方文化 —
介绍 — 丰都县 Ⅳ . ① G127.719.4

中国国家版本馆 CIP 数据核字（2023）第 134138 号

责任编辑：梁　洁
装帧设计：双安文化·向加明

出版发行：中国文史出版社

社　　　址：北京市海淀区西八里庄路 69 号　　邮编：100142

电　　　话：010-81136606　81136602　81136603（发行部）

传　　　真：010-81136655

印　　　装：北京地大彩印有限公司

经　　　销：全国新华书店

开　　　本：170mm×240mm　1/16

印　　　张：18.25

字　　　数：210 千字

版　　　次：2023 年 9 月 北京第 1 版

印　　　次：2023 年 9 月 第 1 次印刷

定　　　价：98.00 元